DISCOURS

HISTORIQUE

Sur la cause des désastres de la partie française de Saint-Domingue, établi sur pièces probantes, déposées au Comité Colonial, & dans les Archives de la Commission de l'Assemblée Coloniale de Saint-Domingue, auprès de la Convention nationale.

ADRESSE

A LA CONVENTION NATIONALE,

Expositive des droits de la partie françoise de Saint-Domingue, & du seul moyen convenable de procéder au jugement des incendiaires de cette contrée.

Lorsque le peuple, épuisé par les déprédations de ses rois, calculoit ses forces répulsives, la partie françoise de Saint-Domingue rapprochoit les beaux jours où ſes premiers colons ſe lièrent à la France, par un pacte de confiance & d'amitié, & les jours d'amertume où le deſpotiſme miniſtériel, que la philoſophie ſembloit repouſſer de l'Europe, peſoit, ſans meſure, ſur un peuple dont Louis XIV, le plus abſolu des tyrans, avoit ſu reſpecter les droits. Les premiers pas que fit la France vers la liberté, donnèrent à toutes les portions de l'Empire une impulſion nouvelle, & la partie françoiſe de Saint-Domingue ſe jeta dans le tourbillon rapide de cette grande maſſe.

Par les combinaiſons ſavantes d'un ſyſtême oppreſſeur, les viſirs de Verſailles régnoient à Saint-Domingue au nom des autorités qu'ils y avoient établies. Des places maritimes, des individus, qui croyoient être le commerce de France, exerçoient, ſur ces contrées, une ariſtocratie ruineuſe. Ces deux puiſſances, unies par les mêmes intérêts, combinoient leurs moyens, & l'habitant-planteur de Saint-Domingue n'étoit plus que le facteur d'un commerce que trahiſſoient les agens de ſes échanges; ils n'étoient plus que les victimes, ou l'inſtrument du deſpotiſme impoſant des agens du roi.

Les parlemens de France, jaloux de l'autorité ſouveraine, en arrêtoient les excès, s'ils bleſſoient leur intérêt ou leur orgueil, & faiſoient alors deſcendre juſqu'à eux la majeſté du trône: mais à Saint-Domingue, deux hommes, le gouverneur général & l'intendant, vils ſatellites des bureaux miniſtériels, commandoient arbitrairement au peuple; leur volonté, leurs caprices faiſoient la loi commune; ſeuls diſtributeurs de toutes les places, de toutes les dignités civiles, militaires, de judicature & de finance, ils peuploient de leurs créatures la moitié de Saint-Domingue. Les trois quarts des habitans de cet infortuné pays tenoient à eux par l'espérance, la reconnoissance ou la crainte, & les agens du commerce les dominoient tous par l'empire du besoin ou de l'intérêt. L'ordre judiciaire, qui, même en pressurant l'homme de Saint-Domingue, inspiroit ce sentiment de confiance que le malheureux plaçe, avec consolation, dans celui qu'il croit être l'ennemi de son ennemi ; l'ordre judiciaire, réformé par BRIENNE & LA LUZERNE, étoit tout entier dans les mains du gouverneur & de l'intendant, & les scélérats, que le despotisme élevoit au sublime honneur de juger les hommes, n'étoient plus que les instrumens serviles de ses iniquités. Le peuple, autrefois, témoin de leurs désastreux jugemens, leur commandoit un reste de pudeur ; mais, depuis la réforme, ces redoutables tribunaux délibéroient dans le mystère, & trafiquoient impunément de la justice.

Telle étoit la situation politique de Saint-Domingue, lorsqu'une cour corrompue, voulant rendre la nation entière complice de ses déprédations, fit convoquer les notables de l'Empire, & définitivement les états-généraux.

Quelques individus qui, s'ils ne connoissoient pas Saint-Domingue, étoient tout au moins liés à ses destinées par leurs possessions, pressés, sans doute, par les circonstances, & par le désir de servir leur pays, se constituèrent ses représentans. Quelques citoyens, mystérieusement consultés à Saint-Domingue, ratifièrent cet acte illégal, & l'assemblée nationale les reçut dans son sein.

En même-temps les citoyens de Saint-Domingue ſe réuniſſoient ſecrètement pour délibérer ſur les intérêts de leur pays. Les intrigues & les menaces du gouvernement ne purent jamais arrêter leur zèle, & la province du *Nord*, plus éloignée de l'œil obſervateur des tyrans, forma un comité, qui prépara la régénération de la colonie. Ses travaux ceſſèrent, ſpontanément, au mois de novembre 1789 : alors une aſſemblée provinciale qu'il avoit organiſée, conſomma ſon ouvrage, &, d'une main hardie, briſa le ſceptre miniſtériel.

Les ennemis de la révolution, croyant perpétuer le deſpotiſme ſous les formes démocratiques, avoient, juſqu'alors, cédé à la volonté du peuple ; mais lorſque l'assemblée provinciale du *Nord* développa ſes principes régénérateurs, le conſeil de Saint-Domingue proſcrivit les aſſemblées du peuple, & provoqua le poignard aſſaſſin contre les citoyens qui oſeroient les former. Tel fut l'arrêt qu'il rendit le 29 décembre 1789... ; tel fut le motif qui détermina les repréſentans de la province du *Nord* à rétablir, le 4 janvier ſuivant, le conſeil ſupérieur dont les avoit privés une politique perfide.

La ville du *Cap* prit dès-lors une nouvelle forme, & la révolution ſe porta, ſans effort, dans toute la province du *Nord*. Les parties de l'*Oueſt* & du *Sud*, marchoient ſur les mêmes erremens, & toutes les intrigues de l'ariſtocratie ne purent arrêter le développement des droits ſacrés du peuple. Le *Port-au-Prince* & les *Cayes* eurent auſſi leurs comités provinciaux.

Marbois & la Mardelle, effrayés de l'énormité de leurs crimes, redoutèrent la juste vengeance d'un peuple trop long-temps opprimé ; ils allèrent, loin de Saint-Domingue, lui chercher des ennemis & jouir de leurs coupables trésors.

L'assemblée provinciale du *Nord* avoit d'abord fait de tous les pouvoirs une confusion inévitable dans les transitions rapides du despotisme à la liberté : mais bientôt elle organisa les autorités constitutionnelles ; &, le 24 mars 1790, elle arrêta la formation d'une municipalité pour la ville du *Cap*.

C'est ainsi que le peuple de Saint-Domingue s'étoit spontanément formé en assemblées primaires, pour se donner des représentans. L'aristocratie, que le développement de la force armée, avoit fait trembler, déguisoit sa rage impuissante sous les dehors d'une popularité perfide, & préparoit, par ses intrigues, la dissolution des corps populaires, ou le renversement de l'ordre social. Cependant les élus du peuple s'étoient réunis à *Saint-Marc*, &, par leurs soins, la partie françoise de Saint-Domingue alloit jouir des bienfaits de la révolution de la France, sans avoir à gémir sur le deuil d'un seul citoyen.

Bientôt on vit les deux provinces du *Nord* & de l'*Ouest* différer essentiellement. Des traîtres s'étoient glissés au sein de l'assemblée provinciale du *Nord* ; & ce corps populaire, dégénéré de sa première vertu, ordonna la dissolution de la municipalité du *Cap*, dont le patriotisme éclairé arrêtoit avec courage les convulsions du despotisme.

Bientôt on vit le régiment du *Port-au-Prince*, qu'avoit séduit le colonel MAUDUIT, commander les délibérations du peuple. Les partisans, les gagistes du gouvernement, de l'administration des finances & du commerce, formèrent une corporation liberticide, & le POMPON BLANC qui la caractérisoit, étoit le talisman protecteur des personnes & des propriétés. Le secret des correspondances étoit trahi dans les bureaux des postes, par l'ordre positif du gouvernement, & les citoyens étoient arbitrairement vexés, emprisonnés, expatriés.

Le comité de *l'Ouest* soutenoit cependant encore la liberté chancelante dans ces contrées. Le gouvernement, fort du crédit de l'assemblée provinciale du *Nord*, qu'il dirigeoit, fit marcher contre lui le colonel MAUDUIT, qui le dispersa les armes à la main. La nuit du 29 juillet 1790, fut l'époque fatale de cet assassinat, qui n'étoit lui-même que l'avant-coureur d'atrocités plus funestes. Le gouvernement essayoit ainsi ses forces & son influence, pour frapper d'anéantissement l'assemblée générale.

En effet, l'assemblée provinciale du *Nord*, fit bientôt marcher contre elle une armée, que commandoit le maréchal-de-camp VINCENT. Ce digne suppôt du despotisme ne voulût donner aux représentans du peuple que seize heures, pour opter entre leur dissolution ou la mort, pendant que le gouvernement se tenoit en mesure de distribuer la force armée du *Port-au-Prince*, par-tout où le lui commanderoient les événemens : car depuis la dispersion du comité, les patriotes de cette ville, asservis, opprimés, ne pouvoient plus arrêter ses complots.

La province du *Sud*, qui s'étoit toujours soutenue

à la hauteur des principes ſacrés de la révolution, ſe leva toute entière pour éteindre, dans les mains des citoyens égarés ou malveillans, le flambeau de la guerre civile qu'allumoit le gouvernement. La preſque totalité des campagnes des provinces du *Nord* & de l'*Oueſt*, que l'intrigue n'avoit pu corrompre, s'armoit, comme elle, pour réſiſter à l'oppreſſion.

Les agitateurs voyoient, avec délices, les apprêts d'une guerre qui devoit aſſeoir leur autorité ſur les malheurs de tous; ils vouloient moins la diſſolution de l'aſſemblée générale, que l'aſſerviſſement ou la ruine de la colonie. Ce n'étoit pas aſſez que d'écarter de ces contrées les principes régénérateurs de la France, ils vouloient renverſer, par leur ruine, l'aſſemblée nationale elle-même, & ſon ouvrage.

L'aſſemblée générale apperçut les motifs ſecrets de ſes ennemis, qui ne vouloient qu'un prétexte pour agiter le peuple; elle crut voir la France indignée de tant de perfidie, les écraſer de ſa puiſſance; &, dans cet eſpoir, elle ſçût s'arracher à Saint-Domingue, pour venir, à deux mille lieues, les dénoncer à la mère-patrie.

Le gouvernement s'attendoit à quelque réſiſtance, & ſes ſuccès mêmes déjouèrent ſes projets. Il prêchoit la paix & l'obéiſſance aux décrets de l'aſſemblée nationale; mais il ſouffloit, autour de lui, tous les feux de la guerre. C'eſt dans ces diſpoſitious perfides, qu'il ordonna la formation d'une nouvelle aſſemblée générale de la colonie, pour élever ce nouveau corps populaire contre celui qui venoit de se rendre en France, & diviser ainsi les citoyens.

Ce piège fut sagement écarté; mais les agitateurs avoient des moyens plus terribles encore, *la révolte des hommes de couleur & nègres libres.*

Ces variétés de l'homme, qu'affranchit la bienfaisance des blancs & qu'enrichit leur bonté, formoit une population nombreuse, dont l'éducation n'avoit pas assez modifié le premier caractère. Le gouvernement, qui jusqu'alors les avoient dégradés, leur commandoit encore par les dehors imposans de la force, & par le spectacle des décorations militaires, qui toujours ont plus ou moins frappé la multitude. Déjà il les avoit armés dans les plaines du Cap, lorsque ses agens décrédités étoient sans influence dans la province du *Nord*. Déjà il les avoient armés pour marcher contre l'assemblée générale réunie à *Saint-Marc*. C'est ainsi que par des moyens criminels, il préparoit leur influence dans le systême politique de Saint-Domingue.

Telle étoit leur attitude lorsqu'on vit paroître OGÉ, (1) qui, trop au-dessous de sa mission, ne fut

---

(1) L'assemblée provinciale du Nord, coalisée avec le gouvernement depuis que ses membres les plus patriotes en avoient été séparés, pour aller joindre leurs collègues à l'assemblée générale de Saint-Marc, étoit en horreur à toute la province du Nord. Sur vingt-& cinq paroisses, dix & huit avoient pris jour pour lui substituer une représentation nouvelle. Mais OGÉ leva l'étendard de la guerre le jour même où les députés de ces paroisses devoient se réunir, & la presque totalité d'entr'eux furent arrêtés prisonniers des hommes de couleur. C'est ainsi que cette assemblée évita sa dissolution.

que l'aveugle instrument des agitateurs de l'empire. A sa voix, ses frères se montrèrent en armes dans toutes les parties de Saint-Domingue, & leurs premiers pas furent marqués du sang des citoyens assassinés sur leurs habitations dévastées. Les ateliers furent préparés à la révolte : mais l'assemblée provinciale du *Nord* sut les prévenir, & le succès de ses armes détermina le colonel MAUDUIT à marcher contre ceux de l'*Ouest* & du *Sud*.

Le sang ne souilla pas les campagnes du colonel ; à son aspect les révoltés mettoient bas les armes, leurs chefs demeuroient ses prisonniers ; & sous prétexte de les livrer au conseil du *Port-au-Prince*, il écarta un interrogatoire dont il redoutoit les suites.

Le *Nord* fut moins heureux. OGÉ, long-temps fugitif, fut frappé du glaive de la loi, pendant que MAUDUIT assuroit l'impunité de ses complices.

OGÉ, victime infortunée des ennemis de la révolution, tu voulus ne rien devoir qu'à la force, & loin de croire à la justice de tes bienfaiteurs, tu crus à la promesse empoisonnée des tyrans, & tu portas dans ton pays tous les feux de la guerre. Le repentir, il est vrai, suivit de près ton crime, & tu gémis de ton égarement, de ton ingratitude, de la féroce ignorance de tes frères ; mais il n'étoit plus temps : leur orgueil irrité par nos ennemis communs, s'indigna de ton supplice ; &, dans leur délire, ils jurèrent la ruine de Saint-Domingue.

Dans ces troubles passagers, le gouvernement essayoit ses forces & son influence ; le glaive de la loi, qu'il dirigeoit, frappoit les meilleurs citoyens ; & le *pompon blanc* devint la meſure de la juſtice & de la faveur.

L'*Oueſt* n'avoit plus d'aſſemblée adminiſtrative. Celle du *Sud* ne pouvoit reprendre la dignité que lui avoit fait perdre le colonel ; celle du *Nord* étoit inquiétée ; les municipalités étoient diſſoutes par la force, & les citoyens qui les compoſoient étoient arbitrairement arrêtés, vexés, opprimés.

Telle étoit la ſituation politique de Saint-Domingue, lorſque deux bataillons, fameux par leur civiſme, furent annoncés au gouverneur BLANCHELANDE. Cet avis inattendu déjouoit ſes complots ; mais, inépuiſable dans ſes intrigues, il ne déſeſpéra pas d'égarer ces braves militaires, ou de paralyſer, tout au moins, leur bonne volonté.

Pour le faire avec ſuccès, il expédia au commandant de la ville du *Cap*, l'ordre de faire entrer au *môle* les vaiſſeaux qui les portoient. Là, foudroyés par les formidables batteries qui dominent la rade, ils auroient reçu la loi du commandant de cette place ; là, privés de tout commerce avec les citoyens, on ne déſeſpéroit pas d'égarer leur civiſme.

Mais les vents rendirent inutiles ces manœuvres, & les vaiſſeaux ſtationnaires entrèrent au *Port-au-Prince*.

BLANCHELANDE, inébranlable dans ſa réſolution, épuiſa tout ce que l'intrigue & l'autorité pouvoient lui fournir de moyens pour perſuader aux braves ſoldats de Normandie, Artois, & du corps d'artillerie, que leur préſence étoit inutile dans une ville qui jouiſſoit, dans le calme & la paix, des avantages de la régénération de la

France. Il voulut leur persuader que leur séjour ne seroit pas sans dangers dans cette contrée insalubre; & le *môle*, au contraire, lui paroissoit réunir tous les avantages d'un air pur, d'un séjour agréable & commode ; il osa, le lâche corrupteur, leur promettre des *boissons abondantes* & des *femmes jolies*.

Cette démarche criminelle ne servit qu'à sa honte, & l'arrivée de ces soldats de la liberté, fut, pour le *Port-au-Prince*, l'aurore d'un beau jour. Sa sérénité fut cependant troublée par le meurtre du colonel contre-révolutionnaire. Les soldats de son régiment le punirent dans leur indignation de les avoir égarés ; & leur retour à la vertu fut lui-même un crime..... La hache du bourreau devoit seule terminer sa vie scélérate....... *mais à Saint-Domingue, le glaive de la loi n'auroit jamais atteint sa tête !.....*

Alors un nouvel ordre de choses s'établit au *Port-au-Prince*, & le peuple se donna une municipalité dont la sagesse déjoua les intrigues ennemies.

Si BLANCHELANDE avoit eu le courage du soldat ou les vertus du citoyen, il auroit péri, s'il n'avoit arrêté le poignard homicide....... Mais le traître, il vouloit du sang pour pétrir le levain de la guerre civile ; & loin de protéger le colonel, il provoqua lâchement sa mort par sa fuite criminelle.

La modération des citoyens déjoua ses projets désastreux. *La corporation atroce* qu'il avoit formée, calculant son impuissance, jetta son *pompon blanc*, & BLANCHELANDE alla porter au

CAP ses intrigues & ses espérances. Il y présenta la ville du *Port-au-Prince* comme le séjour du crime ; ses habitans comme des vils séducteurs ; & les soldats de Normandie, Artois & du corps d'artillerie, comme des factieux. C'est ainsi que, par le parjure & la calomnie, il préparoit, entre ces deux villes, une cission nécessaire à ses desseins.

Depuis long-temps l'assemblée provinciale du *Nord*, concentrant toutes les autorités, pesoit sur le peuple, dont elle avoit toujours sacrifié les intérêts à l'aristocratie du gouvernement, de l'ordre judiciaire & du commerce, toujours coalisés pour le malheur de Saint-Domingue. BLANCHELANDE qui, dans les jours de sa prospérité, venoit de détruire les corps populaires, s'étoit lassé de partager son autorité avec elle, & peu de jours avant sa fuite du *Port-au-Prince*, il lui avoit, insolemment, déterminé le cercle de son autorité. Plus souple dans ses revers, il sçut, par ses intrigues & les soins officieux de ses agens, écarter le souvenir pénible de cette querelle. BLANCHELANDE & l'assemblée provinciale du *Nord*, aimèrent mieux, enfin, combiner leurs moyens, pour opprimer le peuple, que d'exercer, chacun séparément, la portion d'autorité, dont la loi les investissoit, pour le bonheur de tous.

C'est ainsi que BLANCHELANDE s'entoura de douze commissaires de cette assemblée, qui formoient son conseil intime ; c'est ainsi que cet officier perfide vouloit opprimer ou dévaster Saint-Domingue, sous la responsabilité de ce corps populaire, dont il sembloit n'être qu'un instrument, lorsqu'il le dominoit à son gré.

C'est alors que, par ses proclamations, il invitoit le peuple à se donner des municipalités, à former une assemblée coloniale, pendant que l'assemblée provinciale du *Nord* présentoit des difficultés, & paralisoit ces dispositions. Tels étoient enfin les résultats de la combinaison perfide de l'aristocratie & du despotisme.

Ce fut à peu près dans ces circonstances qu'on apprit, à Saint-Domingue, l'émission du décret du 15 mai 1791. Le peuple colon s'indigna moins de l'acte en lui-même, que du parjure de l'assemblée constituante, qui avoit promis de ne porter aucune loi sur les colonies, que d'après le vœu spontané des assemblées coloniales alors existantes. BLANCHELANDE qui, dans des conjonctures différentes, s'est montré l'apôtre des droits politiques des hommes de couleur, juroit alors de s'opposer, de toute sa puissance, à l'exécution d'une loi, qui lui sembloit devoir amener la dissolution du systême social. Il espéroit entraîner, par son exemple, le peuple de Saint-Domingue, & lui rendre odieux l'assemblée nationale & son ouvrage. L'assemblée provinciale du *nord* se préparoit, d'accord avec lui, à repousser les vaisseaux de la France. Des régimens patriotes, que Béhague rejettoit des îles du vent, furent écartés, & cependant BLANCHELANDE demandoit au ministre de la marine des troupes allemandes, pour renforcer les garnisons de Saint-Domingue.

Les habitans de la province de l'*ouest*, ceux sur-tout de la ville du *Port-au-Prince*, indignés de tant de perfidies, se donnèrent une assemblée administrative, pour veiller à leurs intérêts. Cette aſſemblée, dont les principes auſtères ne composèrent jamais avec le crime, ne tarda pas à porter un œil ſcrutateur ſur le conſeil ſupérieur du Port-au-Prince.

Depuis la réforme opérée dans l'ordre judiciaire, par les miniſtres de Verſailles, l'or & la faveur étoient la meſure de la juſtice : les juges trafiquoient, ſans pudeur, de la fortune, de la vie, de l'honneur des citoyens; ils étoient l'opprobre & la terreur de la ſociété. Ces conſidératious puiſſantes déterminèrent l'aſſemblée adminiſtrative de l'*Oueſt*, à ſuſpendre, dans ces mains impures, l'exercice des fonctions ſaintes de la judicature. Les repréſentans du peuple confirmèrent cet arrêté, lorſqu'ils furent formés en aſſemblée coloniale.

Cette aſſemblée ſe conſtitua, le 6 août, à *Léogane;* elle s'ajourna au *Cap* pour le 25 du même mois, & le 21, éclata, dans les plaines voiſines de cette ville, le plus affreux des incendies.

Nous vîmes autrefois les repréſentans de Saint-Domingue ſe réunir à *Saint-Marc.* Auſſi-tôt, mille intrigues préparèrent lenr diſſolution prochaine, & les hommes de couleur ſe montrèrent, en armes, dans les provinces de l'*Oueſt* & du *Nord.*

D'après les diſpoſitions du décret du 12 octobre 1790, BLANCHELANDE proclama la formation d'une nouvelle aſſemblée coloniale; mais, à côté de lui étoient l'aſſemblée provinciale du *Nord*, & les ariſtocrates de la *Croix-des-Bouquets*, qui paralisèrent impunément, & le décret, & la proclamation.

Enfin, le peuple ſe donne, ſpontanément, des repréſentans qui s'ajournent au *Cap,* pour le 25 août,

&, le 21, les plaines de cette ville n'offrent plus que le spectacle affreux de la dévastation & de la mort.

Ces nouvelles calamités n'empêchèrent pas la formation de l'assemblée coloniale, mais BLANCHELANDE, fort du parti qu'il s'y étoit donné, ne désespéroit pas de la diriger à son gré; & pour avoir la mesure de son influence, il fit donner, par sa femme, à CADUCHS, président de cette assemblée, une toque au panache noir & blanc, à la cocarde noire, dont le traître couvrit son front d'airain.

Alors, par les intrigues de CADUCHS, les membres de l'assemblée coloniale furent revêtus d'une écharpe noire, sous des prétextes frivoles, qui ne laissèrent pas d'en imposer aux patriotes. Par des motifs à-peu-près pareils, l'assemblée provinçiale du *nord* eut ses écharpes rouge. Ces couleurs ennemies furent présentées comme les signes du deuil de la colonie, & du sang versé dans la province du *Nord*.

Alors, furent effacés, par les soins de GAUVIN, négociant du *Cap*, ces mots : LA NATION, LA LOI, &c. qui ornoient le temple où se réunissoit l'assemblée coloniale.

Alors, des orateurs malveillans, ou égarés, blasphémoient l'assemblée nationale, & cent mille révoltés, couverts du sang des blancs, la torche & le poignard à la main, leur paroissoient moins dangereux que l'assemblée nationale.

Cependant, la révolte alloit toujours croissant, & BLANCHELANDE, entouré de dix mille hommes da'rmes, loin d'en arrêter les premiers mouvemens, ſe renferma dans la ville, feignant de la croire menacée d'un grand danger ; & pour comble d'infortune, il ſçut faire ſoupçonner la fidélité des nègres qui demandèrent inutilement des armes pour combattre les révoltés, auxquels il n'oppoſoit même pas une force d'inertie.

Mais, le 13 ſeptembre 1791, lorſqu'après avoir incendié la plaine, depuis le *Limbé* juſqu'à *Limonade*, les brigands repoſoient indolemment ſur les ruines qu'ils avoient faites, BLANCHELANDE envoya TOUZARD, ROUVRAY, CAMBEFORT, à la tête de trois mille hommes, les harceler & les chaſſer des quartiers dévaſtés ; il faiſoit fuſiller les atteliers qui, fidèles à leurs maîtres, ſe rendoient ſous ſes drapeaux ; il faiſoit brûler les bâtimens échappés au premier incendie, & pouſſoit ainſi dans la montagne les révoltés, dévorés de rage & de déſeſpoir.

Les citoyens de couleur, & nègres libres, déchiroient le voile qui, dans les premiers jours, avoit couvert leurs liaiſons avec les révoltés. Ainſi qu'eux, ils ſe baignoient du ſang des blancs, & plus égarés, s'il eſt poſſible, ils inventoient des ſupplices nouveaux ; un drapeau *blanc*, ſur lequel étoit écrit VIVE LOUIS XVI, marchoit devant eux ; la cocarde *blanche* remplaçoit les couleurs nationales : GENS DU ROI étoit leur cri de guerre.

Ceux du *Cap*, du *Môle*, de *la Marmelade*, de la *Grande-rivière d'Ennery*, du *Borgne*, de *Plaiſance*, &c. méritèrent conſtamment la confiance & l'amitié des blancs. Ces ſentimens réciproques ne furent jamais altérés ; & lorſqu'au *Cap*, dans les premiers jours de la révolte, des blancs, aſſaſſins,

assassins, stipendiés sans doute par les agitateurs, portèrent le poignard homicide sur neuf citoyens de couleur. Leurs frères, loin de s'armer contre les blancs, vinrent se jetter dans leurs bras protecteurs, & leur attente ne fut pas vaine. Leurs assassins disparurent de la société. C'est ainsi qu'en France les contre-révolutionnaires ont toujours armé quelques scélérats contre la société ; c'est ainsi qu'ils ont armé une portion du peuple contre une autre portion, pour décréditer la révolution.

Les hommes de couleur de l'*Ouest*, au contraire, se rassemblèrent à la *Croix-des-Bouquets*, à *Léogane*, au *Mirbalais*, sous les auspices des JUMECOURT, des COUTART, des VILLARS, &c.

L'homme affligé des désastres des provinces du *Nord* & de l'*Ouest*, se tournoit vers celle du *Sud*, & ne désespéroit pas encore du salut de Saint-Domingue. On ne pouvoit croire alors que cette province, seroit, un jour, le tombeau des blancs, traîtreusement assassinés par des affranchis comblés de leurs bienfaits, par des affranchis qui sembloient s'indigner de ce que la nature offroit un terme à la douleur.

Dans les premiers jours de la révolte, les habitans de la province du *Nord* se rassemblèrent dans des points divers, pour combattre leurs assassins. Ceux qui s'étoient réunis aux *Mornets*, au *Dondon*, à *Sainte-Suzanne*, au *Moka*, à *Valière*, peu nombreux, sans armes, sans munitions, se soutinrent quelque temps par leur intelligence & leur courage. Maîtres des montagnes qui couronnent la plaine incendiée, leurs camps contenoient les révoltés, & assuroient leur défaite prochaine ; mais BLANCHELANDE , dont ils réclamoient les ſecours les plus prompts, les laiſſa ſe conſumer & périr, pendant qu'il envoyoit trois mille hommes donner chaſſe aux révoltés qui, néceſſairement, refouloient dans la montagne. Alors, les citoyens qui défendoient ces poſtes intéreſſans, furent écraſés ſous les efforts, ſans ceſſe répétés, de leurs nombreux ennemis.

Ceux qui s'étoient échappés par la fuite crurent, inutilement, trouver un aſyle chez les Eſpagnols. Les infortunés furent livrés, à prix d'argent, aux révoltés qui payoient ainſi le plaiſir exécrable de ſe nourrir du ſpectacle atroce du ſupplice des blancs (1).

Alors, les montagnes de la province du *Nord* furent incendiées ;

Alors s'établirent, entre les révoltés & les Eſpagnols, des relations politiques & commerciales. En échange de quelques armes, de quelques munitions, les Eſpagnols recevoient les riches dépouilles des blancs aſſaſſinés, leurs meubles, leurs denrées, leurs bêtes de ſomme, ceux de leurs nègres que leur jeuneſſe ou leur fidélité rendoient inutiles à leurs deſſeins ;

Alors, enfin, les campagnes fertiles de l'*Eſt*, dominées par les montagnes dévaſtées, étoient ouvertes aux brigans.

BLANCHELANDE, commandé par la clameur publique, avoit donné au citoyen d'*ASSAS*, *digne héritier d'un nom cher à la France*, la diſpoſi-

---

(1) Les Eſpagnols recevoient 24 liv. pour chaque victime qu'ils livroient aux révoltés.

tion d'un détachement de quatre cents hommes, qu'il lui promit d'élever à mille ou douze cents. D'*ASSAS*, par des combinaisons judicieuses, choisit un poste (*le Morne-à-Beckli*) qu'il sçut rendre inexpugnable, par des fortifications bien entendues. Etabli dans ces retranchemens, il commandoit la plaine, & couvroit tous les quartiers de l'*Est*. Si BLANCHELANDE eût tenu sa promesse, d'*ASSAS* alloit se porter dans la montagne, pour en seconder les habitans, & reconquérir les quartiers dévastés. Là CESSOIENT LES MALHEURS DE SAINT-DOMINGUE.

BLANCHELANDE, au contraire, fit une sortie contre les nègres rassemblés sur les habitations *Dagoult* & *Galiffet*. Cette attaque, méchamment annoncée quinze jours d'avance, fut sans succès; les nègres prévenus avoient fui dans la montagne.

Si BLANCHELANDE eût fourni à D'ASSAS le quart des troupes qu'il fit marcher à cette inutile expédition, les révoltés auroient été contenus dans la plaine, par quelques postes dont les localités rendent la distribution facile. La clameur publique, des avis particuliers, la raison, indiquoient cette mesure; mais BLANCHELANDE, plus soigneux de provoquer la révolte, que d'en arrêter les effets, envoyoit en même-temps quinze cents hommes se fatiguer & périr dans les marais insalubres des quartiers du *Limbé*, de l'*Accul*. A leur aspect, les révoltés fuyoient dans la montagne, & revenoient, l'instant d'après, sur le terrein qu'avoit abandonné cette armée.

Cette campagne fut désastreuse autant qu'inutile; les soldats, empoisonnés par un air impur &

par les mauvais alimens que leur fourniſſoit une adminiſtration corrompue, épuiſés par la fatigue & ſouvent par la faim, portèrent, à leur retour, le germe d'une maladie funeſte, dont le développement couvrit Saint-Domingue de deuil. La ville du *Cap* alloit, enfin, tomber, ſans défenſe, au pouvoir des révoltés, ſi les citoyens, qui juſqu'alors n'avoient conſulté que leur zèle & leur courage, euſſent encore fait une nouvelle campagne.

Les déſordres de la province du *Nord* ſe ſeroient inévitablement propagés dans celle de l'*Oueſt*, ſi les habitans du *Dondon*, de la *Grande-rivière-d'Ennery*, des *Gonayves*, de la *Marmelade*, de *Plaiſance*, &c. n'en avoient arrêté le cours par la réunion prompte de leurs forces. Ils formèrent un cordon, que la ville du *Port-au-Prince*, ſi lâchement calomniée par l'ignorance égarée ou par la perfidie des contre-révolutionnaires diſſéminés, même en France, ſous le maſque du patriotiſme, fortifia d'une partie de ſa garniſon. (1) Des détachemens de ſa garde nationale, de Normandie, Artois, & du corps d'artillerie, tous également zélés pour la révolution, vinrent, de ſoixante lieues, ſecourir leurs frères menacés d'une ruine prochaine, pendant que BLANCHELANDE, à la

(1) La municipalité d'Ennery fit connoître au Port-au-Prince ſa ſituation périlleuſe, & le citoyen Brulley, dont le civiſme avoit mérité ſa confiance, fut chargé de cette importante miſſion; elle eut le plus heureux ſuccès, & le Port-au-Prince ſauva la province de l'Oueſt.

tête de dix mille hommes, se renfermoit dans la ville du *Cap*, ou couroit méchamment dans les plaînes du *Nord*.

BLANCHELANDE n'avoit pu empêcher la formation de ce cordon redoutable aux brigands; mais il avoit le droit de donner un chef aux citoyens qui le formoient. Plusieurs d'entr'eux avoient mérité l'estime & la reconnoissance de toute la colonie; ils avoient la confiance de leurs compagnons d'armes. Ces avantages ne purent leur mériter l'attache de BLANCHELANDE : comme s'il suffisoit d'avoir mérité son estime pour ne pas avoir sa confiance. CAZA-MAJOR, son agent au *Port-de-Paix*, remplaça ces braves patriotes.

Ce nouveau chef n'avoit pas la confiance des citoyens, & ne fit rien pour la mériter. Ses intrigues semèrent bientôt la discorde dans les paroisses voisines. Des officiers militaires, dangereux par leur nombre & la nature de leurs fonctions, remplacèrent les municipalités dispersées. On essayoit ainsi les formes de l'ancien régime; & cette partie de la province fut long-temps dans une anarchie dont les suites auroient été funestes, si l'assemblée coloniale n'eût déjoué tant d'intrigues par sa justice & sa fermeté.

Les événemens se pressoient alors avec une rapidité étonnante, & l'assemblée coloniale eut besoin de toute sa sagesse, pour ne pas se briser à chaque instant contre les piéges que lui tendoient les malveillans. BEHAGUE avoit subjugué les patriotes des Antilles du Vent : GIRARDIN & son escadre lui étoient inutiles; il les envoya vers Saint-Domingue. Leur arrivée ramena l'espérance du peuple, qui ne connoissoit pas leur religion. Mais à peine avoient-ils mouillé en rade, que les principes liberticides des officiers & sous-officiers se développèrent avec fureur. Ces forcenés se répandirent nuitamment dans la ville, la torche à la main, provoquant les nègres à la révolte. Ils osèrent blasphêmer la révolution, & conspuer la cocarde tricolore. Ils osèrent invoquer des hommes ennemis de la France, & menacer les citoyens de les ramener, par la force, sous le joug du tyran, ou de les faire assassiner par les hommes de couleur & les nègres. L'indulgente bonté du peuple, la circonspection que se devoit l'assemblée coloniale, toujours calomniée, *même au sein de l'assemblée nationale*, sauvèrent les traîtres, que BLANCHELANDE promit de dénoncer au ministre. L'impunité suivit leur crime; & BLANCHANDE fut encore infidele à ses sermens.

Les camps que BLANCHELANDE avoit établis dans la plaine du *Cap*, étoient frappés du même vice : ils n'étoient pas l'école de la liberté. . . . . . . ROUVRAY, cet homme coupable, qui trois mois avant la révolte, écrivoit à *Léger-Duval* (1) que

---

(1) *Léger-Duval* étoit membre de l'assemblée coloniale : il n'étoit pas aristocrate, mais aussi n'avoit-il pas le courage d'être patriote. Il est vrai qu'on ne prenoit pas, sans danger, ce saint caractère. Il communiqua cette lettre à douze autres membres de l'assemblée coloniale. Le temps n'étoit pas alors opportun pour la dénoncer; mais dès que les commissaires ROUME, MIRBECK & SAINT-LÉGER furent arrivés, on s'empressa de la leur communiquer. ROUVRAY, disoient-ils, de-

bientôt la France seroit en proie aux horreurs de la guerre civile, *& dominée par çinq-cents mille Allemands*, *qui viendroient jetter par les fenêtres la canaille législative, & rétablir le roi dans ses droits héréditaires*. ROUVRAY, qui disoit que la cocarde, [illegible] *noire* étoit le seul Talisman qui pût sauver Saint-Domingue de la révolte & de l'incendie, corrompoit son armée. CAMBEFORT, TOUZARD, POITOU, PICHON, LIÉGARD le secondoient, & si les citoyens & la troupe de ligne n'avoient pris la cocarde *blanche*, ils s'étoient, au moins, couverts de cocardes jaunes & vertes. (1) L'ASSEM-

---

voit périr sur un échafaud ROUVRAY DEVINT LEUR PLUS INTIME AMI.

Cette lettre fut enfin dénoncée à l'assemblée coloniale, & LÉGER-DUVAL répondit qu'il l'avoit brûlée... IL MENTOIT.

Cette lettre avoit été lue chez Poncignon, en présence de Laval, Demun, Gault, Jourjon, Berault, Dubourg frères, Loir, Condemine, Leaumont & Page, qui la fit dénoncer en même-temps qu'il démasquoit les incendiaires de Saint-Domingue.

(1) L'assemblée coloniale étoit menacée d'une dissolution prochaine; les hommes de couleur, ou plutôt ceux qui les agitoient faisoient souscrire cette dissolution aux habitans des campagnes, que la terreur & l'espérance entraînoient. Nourris depuis quelque temps dans les camps, les citoyens n'espéroient plus que par cette mesure; & déjà des livrées étrangères remplaçoient les couleurs nationales. Telle étoit leur attitude, lorsque le 8 novembre 1791, ils furent invités à venir délibérer, au sein de l'assemblée coloniale, sur les moyens de sûreté publique. BLANCHELANDE, TOUTE SON ARMÉE, L'ADMINISTRATEUR DES FINANCES ET SES OFFI-

BLÉE COLONIALE PROSCRIVIT CES COULEURS ENNEMIES.

L'*Oueſt* étoit alors opprimé. HANUS-DE-JUMECOURT, VILLARS, COUTARD, D'AULNAY DE CHITRY, &c., *d'accord avec Blanchelande*, s'étoient mis à la tête des hommes de couleur, pour diſſoudre les municipalités, & ſe revêtir du commandement abſolu. Ils avoient fait ſouſcrire à la province de l'*Oueſt* des traités de paix, commandés la torche & le poignard à la main ; &, ſous prétexte de faire jouir les hommes de couleur de l'activité politique, ils provoquoient la diſſolution de tous les corps populaires. Ils eſpéroientt certainement ne les rétablir jamais, & dominer avec

---

CIERS, LES TRIBUNAUX DE JUSTICE, L'ASSEMBLÉE PROVINCIALE DU NORD, compoſoient cette aſſemblée, dans laquelle les rubans jaunes & verts ſembloient défier quelques cocardes nationales modeſtement cachées dans la foule.

Je connoiſſois l'ariſtocratie des officiers de ligne, d'adminiſtration, de juſtice, & de la majorité de l'aſſemblée provinciale du Nord ; mais je connoiſſois auſſi le civiſme de la garde nationale & de la majorité de l'aſſemblée coloniale : je vis qu'elle ne conſidéroit pas les couleurs étrangères comme un ſigne de révolte, mais comme un moyen de reconnoiſſance que leur avoient donné les généraux CAMBEFORT & TOUZARD.

Je crus qu'il étoit temps de détromper le peuple. Je me parai d'une ample cocarde tricolore, que je préſentai comme le ſigne caractériſtique du citoyen. Je démontrai à BLANCHELANDE que toute ſa conduite politique & militaire étoit le complément de la ſcélérateſſe ou de l'ignorance. Je le défiai de venir avec moi rendre compte de ſa conduite à l'aſſemblée nationale & au roi. Il balbutia quelques mots, & les rubans jaunes & verts furent remplacés par les couleurs nationales.

plus d'empire : parce que les corps populaires, quoique ſouvent agités par la cabale contre-révolutionnaire, quoique toujours calomniés, déchirés impudemment par des hommes malveillans, manifeſtoient du courage, des talens & des vertus ; ils préſentoient encore un point de ralliement, un centre d'activité qui déjouoient les traîtres.

Le *Sud*, qui juſqu'alors avoit joui d'une apparente tranquillité, à la faveur des concordats que les blancs avoient ſpontanément ſouſcrits avec les hommes de couleur, fut, à ſon tour, agité. Les hommes de couleur, parjures à leurs traités, à leurs ſermens, ſe raſſemblèrent en armes, ſurprirent les blancs dans leur aveugle confiance, les déſarmèrent, s'emparèrent des fortifications, diſperſèrent les municipalités, & portèrent le poignard homicide dans le ſein des meilleurs patriotes.

L'aſſemblée coloniale recevoit alors, de toutes les parties de Saint-Domingue, des adreſſes, des délibérations, ouvrages de la ſéduction ou de la crainte. Mais elle eut la ſageſſe de voir que ſes ennemis ne vouloient ſa diſſolution que pour élever ſur ſes ruines le trône du deſpotiſme. Ces conſidérations amenèrent ſon arrêté du 5 novembre 1791, dans lequel les hommes de couleur trouvoient le pardon de leurs attentats, & l'aſſurance d'être encore l'objet de la ſollicitude de leurs patrons. Ce n'eſt pas dans un temps de révolte & de crime que les repréſentans du peuple, trop occupés du ſoin de rétablir l'ordre & la paix, peuvent préparer les loix de Saint-Domingue, diſoit l'aſſemblée coloniale aux hommes de couleur & nègres libres. Vous avez, ſans doute, des droits à exercer, mais c'est à l'assemblée nationale seule à prononcer, puisqu'elle s'en est réservé le droit, puisqu'enfin, par son décret du premier février 1791, elle défend à l'assemblée coloniale de mettre à exécution aucun de ses arrêtés sur l'organisation de la colonie, avant l'arrivée des commissaires civils (1). Vous avez des droits à exercer; mais la révolte, le meurtre & l'incendie ne peuvent les légitimer. Ecartez ces moyens criminels, comme l'assemblée coloniale en écarte le souvenir; réunissez-vous aux blancs, vos patrons, vos bienfaiteurs, vos pères, & l'assemblée coloniale, plus libre, s'occupera d'un plan de législation, qui assurera le bonheur de tous.

Ces dispositions bienfaisantes de l'assemblée coloniale furent conspuées par les hommes de couleur. Ceux de la partie de l'*Est* de la province du *Nord*, se coalisèrent avec les nègres. TOUZARD, chargé de la défense de cette portion de la province, composa avec eux, leur laissa leurs armes, leurs

---

(1) L'assemblée constituante, flottant toujours entre les intrigues des ministres, les passions des deux partis qui la divisoient, la cupide aristocratie du commerce, le crédit de quelques présomptueux, qui se donnoient l'air de connoître les colonies, ne porta jamais pour Saint-Domingue que des décrets désastreux. Celui du premier février 1791 a sur-tout désorganisé cette colonie; il a paralysé l'assemblée coloniale, qui se trouvoit placée entre la nécessité de donner l'activité politique aux hommes de couleur, armés de la torche & du poignard, & l'impuissance de porter une loi pareille, sans s'exposer à une désobeissance formelle aux décrets.

munitions, maltraita les blancs de son armée, qu'il fatiguoit par des courses inutiles & pénibles, facilita la désertion des soldats, & congédia les citoyens. Alors il méconnut le corps populaire du *Fort-Dauphin*, & se saisit de toutes les autorités. Alors il disposa ses troupes de maniere à les livrer, sans résistance, aux révoltés, qui les assassinèrent au milieu des horreurs de l'incendie qu'ils allumèrent dans ces quartiers.

Alors il quitta le *Fort-Dauphin* pour aller dans l'Amérique angloise, déposer les richesses dont il s'étoit emparé par le moyen des révoltés.

Telle fut la marche constante du gouvernement, qui, pour ménager aux révoltés tous les avantages, fatiguoit les blancs par des courses pénibles; établissoit ensuite leur confiance par des traités, pour les faire égorger inopinément.

C'est par de telles manœuvres, qu'il amena la désastreuse journée du 21 novembre, époque fatale au Port-au-Prince. « Aux quinze-cents citoyens de couleur entrés en ville au 24 octobre, » plusieurs autres détachemens de deux ou trois-» cents hommes étoient venus se joindre succes-» sivement. L'inquiétude des blancs devint grande » en proportion de cette affluence; ils en con-» çurent des présages terribles, qui ne tardèrent » pas à se réaliser.

« Un nègre non libre, alors tambour dans » l'armée des citoyens de couleur, attaque dans » la rue un canonnier national, & tente de le » désarmer. Le sabre de celui-ci se brise entre » leurs mains; le nègre est arrêté par un mulâtre » & trois gendarmes, conduit à la municipalité,

« livré à la commiſſion prévôtale, condamné à » être pendu, & exécuté de ſuite ».

» A peine cette exécution fut-elle faite, qu'un » canonnier national, chez lequel logeoit le général » des citoyens de couleur, tombe, en paſſant » devant un de leurs corps-de-garde, ſous une dé- » charge de ſept coups de fuſils; auſſi-tôt l'alarme » ſe répand dans tous les quartiers; la générale » ſe fait entendre dans les caſernes des citoyens » de couleur; les gardes nationales s'aſſemblent, » & demandent les aſſaſſins du canonnier; les » hommes de couleur les refuſent; les patrouilles » & les corps populaires s'oppoſent, envain, aux » préparatifs de vengeance qui ſe font de part » & d'autre; la fureur étoit à ſon comble; la » générale, trois fois ſuſpendue, reprend à trois » repriſes différentes.

» Les bataillons de Normandie, Artois, & le » corps d'artillerie, amis des blancs, amis des » hommes de couleur, & n'ayant d'autre but que » la paix & la tranquillité publique, tentèrent en » vain auprès des hommes de couleur, tous les » moyens de conciliation poſſibles: toutes ces » démarches furent inutiles; leur armée, excitée » par des blancs contre-révolutionnaires, mugiſſoit » d'impatience d'en venir aux mains, & les ba- » taillons furent obligés de ſe retirer au quartier, » où ſe tranſporta la municipalité.

» A cinq heures du ſoir, elle requit le ſecours » des troupes de ligne, qui, ſous les ordres de » leurs chefs reſpectifs & la direction de la mu- » nicipalité, ſe préſentèrent en bataille devant le » gouvernement. Un détachement de gardes na-

» tionales se porta sur *Belair*, autre point de « ralliement des hommes de couleur, où ceux-ci, » après quelques pour-parlers inutiles, commencèrent le feu, qui devint aussi-tôt le signal d'une » action générale, & là & au gouvernement. Après » une assez vive résistance, les citoyens de couleur » furent repoussés de ce dernier poste, & abandonnèrent quelques canons : mais un de leurs » partis se conserva au haut de *Belair*, d'où le » lendemain, après avoir passé la nuit toujours » sur le qui-vive, les blancs parvinrent à les expulser après un léger combat.

» C'est dans cette partie de la ville que l'on » vit les plus cruels effets de la rage & de la » barbarie des hommes de couleur. De malheureuses victimes avoient été égorgées de la manière la plus révoltante; *des blancs*, *malades* » *à l'hôpital Robert*, avoient été massacrés, & » les maisons avoient été pillées & dévastées; leurs » propriétaires avoient péri dans les tourmens; » &, pour comble de désolation & d'horreur, un » incendie épouvantable dévoroit les édifices, des » richesses immenses, les cadavres, & les blancs » qui n'avoient pu se soustraire à sa fureur.

» Quoique toujours sous les armes, les citoyens » & la garnison firent tous leurs efforts pour arrêter » l'incendie; mais au moment où ils le croyoient » éteint, l'embrâsement devint général, sans qu'on » ait pu en connoître la cause. Les vingt-sept » plus riches îlets furent réduits en cendres. Les » corps populaires, consternés, n'apportèrent aucun » obstacle à d'aussi grands fléaux, & les officiers » militaires, au lieu d'employer les moyens faciles

» qu'ils avoient en leur pouvoir, comme ils en furent » priés par plusieurs de leurs soldats, pour faire cesser » le désordre, ne firent aucune disposition *pour » arrêter des horreurs, dont plusieurs d'entr'eux » sembloient savourer le spectacle* (1). Les casernes » devinrent le seul asyle où furent se réfugier *les » victimes échappées aux poignards & aux torches » des brigands ;* elles étoient remplies de blancs, » de mulâtres & de nègres de tout sexe, de tout » âge, & la municipalité fut elle-même obligée » d'y venir tenir ses séances.

« Quinze jours s'écoulèrent avant qu'aucune » proclamation, qu'une autorité quelconque essayât » de porter un remède à tant de maux ; avant » qu'aucune consigne fût donnée, pour courir sus » aux scélérats qui en étoient les auteurs, & on » leur laissa le temps de disparoître paisiblement » avec les riches fruits de leur brigandage, en » nous abandonnant des monceaux de cendre, » de ruines & de cadavres.

« Ce n'étoit donc pas l'obtention de leurs droits » politiques, à laquelle on faisoit seulement pré- » tendre les citoyens de couleur, auxquels on avoit » mis les armes & la torche à la main ; on vouloit » la destruction entière des blancs patriotes.

« Enfin, la municipalité, toujours délibérant » au milieu des citoyens & de la garnison sous

(1) Ces officiers désertèrent, bientôt après, leurs drapeaux ; plusieurs ont émigré ; d'autres, plus prudens, se sont cachés jusqu'au 10 août ; alors ils ont demandé à rentrer à leurs corps.

» les armes, fit de nouveaux efforts auprès des » citoyens de couleur, pour les ramener à un accom- » modement. Ceux-ci demandèrent préliminaire- » ment leurs femmes, leurs enfans, qui pouvoient » être restés en ville, & aussi-tôt on les leur envoya, » sous l'escorte de vingt hommes des bataillons du » neuvième & quarante-huitième régimens (Nor- » mandie & Artois) qui, pour récompense d'une » action aussi généreuse, auroient été égorgés dans » leur mission, sans l'avertissement qui leur en fut » donné par le général de l'armée de couleur (1) ».

Pendant que les habitans du *Port-au-Prince* défendoient, contre les révoltés, les ruines de leur ville incendiée, les citoyens du *Cap* se livroient au charme consolant de l'espérance que faisoit naître autour d'eux l'arrivée des commissaires civils MIRBECK, ROUME & SAINT-LEGER.

Depuis quelques jours, les révoltés avoient suspendu leurs dévastations ; ils sembloient n'attendre que l'amnistie qu'alloient proclamer les commissaires

---

(1) Les détails relatifs à l'affaire qui eut lieu le 28 novembre au Port-au-Prince, sont extraits du mémoire présenté à la convention nationale par le deuxième bataillon du neuvième régiment, qui, d'accord avec le reste de la force armée du Port-au-Prince, a sauvé Saint-Domingue de sa ruine totale. Les procès-verbaux établis par les corps populaires, les gardes nationales, la société des amis de la révolution attestent la vérité de leur récit.

C'est aussi avec justice que chacun rend hommage aux vertus de BEAUVAIS, chef militaire des hommes de couleur. Ce brave citoyen a, plus d'une fois, arrêté le poignard dans la main de ses frères.

civils. En effet, le 19 décembre 1791, ils firent des propositions de paix. JEAN FRANÇOIS, leur général, obtint une entrevue avec ces magistrats qui virent, à leurs pieds, ce lâche instrument des agitateurs de l'Empire.

JEAN-FRANÇOIS, à genoux, demanda grace, & promit de ramener ses complices. Cette promesse fut le fruit des conseils de POITOU, officier au régiment du *Cap*, qui sçut distinguer au loin, à travers mille édifices ruinés, celui sous lequel se trouvoit, dans ce moment, le noir satrape.

Qu'alla faire cet agent du pouvoir arbitraire, auprès de ce chef des révoltés ? *L'amadouer*, dit-il, *pour le rendre plus traitable dans son entrevue avec les commissaires civils* (1)..... Par qui fut-il chargé de ce message obligeant ? pourquoi l'a-t-il exécuté sans l'attache du pouvoir législatif (2), sans la permission des commissaires civils ;

(1) C'est ainsi que l'officier POITOU motiva son entrevue avec le chef des révoltés. Ce n'est pas la première fois qu'on a vu que l'uniforme des officiers du régiment du Cap étoit un talisman respecté.

(2) L'assemblée coloniale étoit revêtue de ce pouvoir-là par la loi constitutionnelle du 28 septembre 1791 ; & mal-à-propos, au sein de l'assemblée nationale législative, on a voulu lui faire un crime de l'exercice de ce droit, qui lui étoit conféré par la même autorité qui l'avoit constituée elle-même. La source des deux pouvoirs étoit la même ; elle étoit dans la constitution. Combien n'a-t-on pas été injuste en lui reprochant l'exercice de ce droit, sur-tout lorsqu'il n'existoit pas de loi nationale qui y eût dérogé !

La soumission de l'assemblée coloniale à la loi du 10 avril, est la meilleure réponse à faire aux malveillans

sans

ſans la permiſſion du corps adminiſtratif? pourquoi a-t-il écarté des témoins qui ne pouvoient lui être ſuſpects? ... Cet officier croit pouvoir aller, ſans danger, chercher JEAN-FRANÇOIS à travers les révoltés, lorſqu'il craint pour des commiſſaires civils qu'environnent quatre ou cinq cents citoyens prêts à périr pour les défendre? Agent très-ſubalterne du pouvoir exécutif, il ſe croit aſſez d'aſcendant ſur ce chef de révolte, pour protéger, auprès de lui, des hommes revêtus de toute la majeſté, de toute la puiſſance nationale?

Les promeſſes de JEAN-FRANÇOIS atténuèrent la ſurveillance d'un peuple trop crédule & fatigué d'une guerre cruelle. Alors, les révoltés, qui combinoient myſtérieuſement leurs moyens deſtructeurs, ſe diviſèrent en troupes de huit à dix mille combattans, & ſe portèrent contre les différens points du cordon de l'*Oueſt*. Par-tout, ils furent repouſſés avec courage, & leur lâcheté ſe montra toute entière devant une poignée de blancs, trompés & ſurpris.

Les commiſſaires civils virent, ainſi, tous leurs efforts tomber impuiſſamment devant l'intrigue des ennemis de la régénération, devant la fureur des révoltés, qu'électriſent encore des prêtres ſanguinaires, qui, par le ſacrilège & l'impoſture, alimentent la ſuperſtition du nègre, & le portent aux plus grands crimes. C'eſt au nom d'un Dieu bienfaiſant qu'ils lui prêchent le viol, le meurtre & l'incendie. Toujours coaliſés avec les tyrans, les traîtres voudroient, ſans doute, rétablir leur puiſſance paſſée, ſur les cendres de Saint-Domingue.

Les patriotes qu'avoit, juſqu'alors, ſoutenus l'eſpérance, ne voyoient déjà plus de terme à leurs malheurs : les corps populaires étoient opprimés par le gouvernement, & les commissaires civils, déchirant le voile dont ils s'étoient enveloppés, commençoient à manifester toute leur immoralité.

MIRBECK, oubliant trop souvent que la ville du *Cap* étoit couverte de deuil, comme elle étoit environnée de la dévastation & de la mort, avilissoit le caractère auguste dont la France l'avoit revêtu, & se donnoit en spectacle. Le tumulte de ses plaisirs provoqua plus d'une fois l'improbation du peuple.

ROUME, toujours caressant l'assemblée coloniale, lui tendoit chaque jour des piéges nouveaux.

SAINT-LEGER, parfaitement d'accord avec ses collaborateurs, *travailloit* le Port au-Prince. Il y exerçoit vraiment la dictature. A sa voix, la loi devoit demeurer impuissante, & ses ordres arbitres préparoient la destruction des restes de cette ville proscrite, en défendant aux corps populaires de requérir la force publique contre les hommes de couleur révoltés. L'obéissance des magistrats du peuple eût livré la ville aux brigands ; &, sans doute, il s'étoit flatté que leur inobéissance pourroit diviser les citoyens, &, tout au moins, aliéner les soldats, jusqu'alors, armés pour les défendre.

Ses excès, dans la province de l'*Ouest*, avoient manifesté les principes de la commission civile; & *ses collègues, plus politiques, l'improuvèrent authentiquement*, pour sauver du naufrage leur crédit expirant.

Pendant que SAINT-LEGER assassinoit les ateliers de *Léogane*, armés pour la défense de leurs maîtres;

Pendant qu'il machinoit avec le commandant militaire du *Port-au-Prince*, de GERS, l'oppression ou la ruine de cette ville;

Pendant qu'il défendoit au commandant du cordon de l'*Ouest*, de fournir des secours au camp des patriotes de la *Saline*, que commandoit l'intrépide & loyal patriote BOREL ;

Pendant que les hommes de couleur de *Saint-Marc*, ceux qui avoient évacué le camp de *la Croix-des-Bouquets*, & les blancs de la corporation aristocratique du *pompon blanc*, coalisés avec eux, se portoient dans les plaines de l'*Artibonite* & sur les montagnes de *Saint-Marc*, pour y assassiner les patriotes qu'ils surprenoient sur leurs habitations, & révolter leurs ateliers;

Pendant que SAINT-LÉGER défendoit à la municipalité constitutionnelle de *Saint-Marc* (1) de requérir contr'eux la force armée;

Pendant que MIRBECK faisoit des pique-niques avec les jeunes gens du *Cap*, & des parties de débauche avec les femmes de couleur ;

---

(1) Le gouvernement s'étoit fait, à Saint-Marc, un parti puissant, qui ne domina pas toujours les patriotes, qui eurent, pendant quelque temps, une certaine supériorité.

C'est à cette époque que se forma une municipalité. Mais, lorsque les hommes de couleur furent réunis aux *pompons blancs* (ceux du parti du gouvernement arbitraire), la municipalité fut dissoute, & les patriotes furent mis en fuite, déportés, égorgés.

Une municipalité aristocratique s'éleva à la place de la première, dont les membres dispersés se réunirent sous la protection des patriotes, qui fuyoient de leurs habitations, où les partisans du gouvernement alloient, par bandes, les égorger impitoyablement, & piller leurs denrées & leurs effets les plus précieux.

Pendant que ROUME rempliſſoit la colonie de ſes calomnies, le deſpotiſme cherchoit au *Cap* un aliment à ſes fureurs : il mettoit en oppoſition les troupes de ligne, les citoyens de couleur & les blancs, comme faiſoient en France les BOUILLÉ, &c. il provoquoit contre les corps populaires le mépris du peuple & celui des ſoldats; il provoquoit cette guerre civile que les JUMÉCOURT, les COUSTARD, les VILLARS, alimentoient dans la province de l'*Oueſt*; & les commiſſaires civils gardoient une nullité tardive, de laquelle ils n'auroient jamais dû ſortir pour le bonheur de Saint-Domingue.

Pendant que le *Cap* étoit dans ces convulſions étranges, les agens du gouvernement refuſoient, au *Port-au-Prince*, obéiſſance à la loi; & l'aſſemblée provinciale de l'*Oueſt*, toujours inacceſſible aux intrigues, envoyoit, pardevant l'aſſemblée coloniale, ces officiers coupables.

BLANCHELANDE, dans ces momens d'inquiétude, demandoit la réincarcération des grenadiers du régiment du *Cap*, qu'il avoit fait dégrader & empriſonner *arbitrairement, pour les déporter de la colonie, parce qu'ils avoient dénoncé leurs officiers, comme coupables d'avoir voulu les embaucher & leur faire déſerter leurs drapeaux*. L'aſſemblée coloniale avoit ordonné leur élargiſſement *inſtantané*, pour les entendre dans leur plainte (1).

---

(1) Les ariſtocrates qui balançoient les délibérations de l'aſſemblée coloniale; ceux qui dominoient celle provinciale du Nord; ceux qui s'agitoient dans la municipalité du Cap, firent ſi bien, que ces grenadiers, gênés dans leurs dires, ne déclarèrent pas tout ce qu'ils ſavoient : mais ils en dirent aſſez pour prouver la trahiſon de leurs officiers. Ils firent ſi bien, que l'aſſemblé

Il commandoit à l'assemblée coloniale d'arrêter que Saint-Domingue étoit en état de guerre, & le *Cap* en état de siége;

Il commandoit à l'assemblée coloniale de prononcer sur l'état politique des hommes de couleur, pendant qu'il faisoit solliciter de l'assemblée nationale législative, par l'intermédiaire du ministre, une loi sur le même sujet. Il espéroit que ces deux loix, portées, en même temps, par deux autorités constituées, présenteroient des données différentes; il espéroit que, de leur application, naîtroit, nécessairement, un nouveau germe de discorde.

Il déterminoit, enfin, le cercle des droits de l'assemblée coloniale, qui, suivant lui, n'avoit aucune surveillance, aucune administration à exercer sur la colonie. Elle devoit se borner à *décréter les loix sur l'état des personnes*, & à rédiger ses pétitions pour tout le reste. Blanchelande avoit cependant, jusqu'alors, approuvé les arrêtés de cette assemblée, relatifs à l'administration de la colonie.

En même temps, MIRBECK, gorgé d'honneurs, de plaisirs & d . . . . . venoit jouir en France des fruits de sa *dictature* . . . . Ma mission, écrivoit-il à l'assemblée coloniale, *est une vraie dictature.*

SAINT-LÉGER, encore plus *fortuné*, le suivoit sur une frégate *qu'il eût mieux fait de laisser à Saint-Domingue, dans l'état de dénuement où se trouvoit cette colonie.*

---

coloniale, pour sauver ces officiers criminels, suspendit l'instruction d'une procédure qui les auroit conduits à l'échafaud, & les grenadiers furent livrés à Blanchelande.

Alors, les négocians du *Cap* (1), leurs commis & quelques jeunes gens, que flattoit l'espoir des décorations militaires, les commis des bureaux d'administration, de justice & d'amirauté, commandoient, les armes à la main, les délibérations de l'assemblée coloniale, de la municipalité du *Cap* (2); ils vexoient les fonctionnaires publics, connus par leur attachement à la France & à ses principes régénérateurs; ils proscrivoient les d'ASSAS, les LARCHEVÊQUE-THIBAULT, le plus éclairé, le plus courageux des patriotes.

Telle étoit la situation de Saint-Domingue, lorsque la loi du 4 avril 1792 lui fut officiellement envoyée.

Au son de la trompe, qui annonça cette loi, les hommes de couleur & nègres libres auroient

(1) On compte cependant quelques patriotes dans cette classe aristocratique. Les DELAYRE & CHAUDRUE, les TÊTARD & LALANE, les BROCAS, les CARIÉ sont recommandables par leur civisme invariable, leurs talens & leurs vertus sociales.

Dans la portion du commerce moins riche, on y compte grand nombre de braves patriotes.

(2) Blanchelande, venant prononcer un insolent discours au sein de l'assemblée coloniale, se fit suivre par cette cohorte qui voulut commander, par la menace, à ce corps populaire, & commit des violences plus atroces encore, s'il est possible, contre la municipalité du Cap, en présence du commissaire civil Roume, qui, comme Blanchelande, la traînoit après lui.

Roume trembla cependant devant le patriote l'archevêque Thibaut. Tel est l'ascendant de la vertu sur le crime, que Roume rendit hommage à ce loyal citoyen.

dû déposer leurs armes, & voler dans le sein des blancs qui écartoient déjà le souvenir de leurs ÉTRANGES égaremens ; mais ces *infortunés*, *plus à plaindre qu'à blâmer*, manifestèrent toujours la même mauvaise volonté. Leurs agitateurs ne désespérèrent même pas de les armer les uns contre les autres, en rappellant leur rivalité passée ; car les hommes de couleur & les nègres libres, rapprochés momentanément, s'étoient autrefois placés à de très-grandes distances. Cette nouvelle intrigue n'agita pas Saint-Domingue d'une manière bien sensible.

De plus grandes mesures promettoient de nouveaux succès, & les ateliers révoltés devinrent des agens d'autant plus dangereux, que la loi du 4 avril 1792 leur paroissoit être le prix des services que les hommes de couleur & nègres libres avoient rendus au gouvernement.

C'est au nom de cette loi que les ateliers, jusqu'alors fidèles, des quartiers de *l'Arcahaye*, de *Jean-Rabel*, &c. égorgèrent leurs maîtres, en brûlant leurs habitations.

Tel étoit le résultat des intrigues contre-révolutionnaires : Tel étoit le résultat de l'ignorance.

La loi du 4 avril 1792 accordoit l'activité politique aux hommes de couleur &. nègres libres. Ce n'étoit cependant pas encore assez ; & la portion de l'assemblée coloniale qui, voulant le bien de son pays, sçavoit combien les hommes de couleur mettroient de la différence entre le droit d'exercer, ou l'exercice des droits politiques, proposa la réorganisation des corps populaires, suivant les dispositions de la loi du 4 avril : mais les agens de l'ariſtocratie ſçurent écarter cette meſure, qui leur enlevoit un grand moyen d'agitation.

C'eſt dans ces mêmes vues qu'ils conſervèrent les corporations d'hommes de couleur & nègres libres, parce qu'ils n'auroient pu les ſéduire & les diriger avec la même facilité, s'ils s'étoient fondus dans la garde nationale, dont ils auroient pris les mœurs, l'eſprit & le caractère;

C'eſt dans ces mêmes vues qu'ils firent proſcrire une *ſociété d'amis de la révolution françoiſe*, qui, par ſes relations avec les ſociétés de France, n'auroit plus fait des hommes d'Europe, & de ceux de Saint-Domingue, qu'un peuple de frères (1);

C'eſt dans ces mêmes vues qu'ils ont diſſéminé, dans toute la France, des agens qu'ils ſalarient du produit des ſpoliations faites ſur les habitations des patriotes. Ces hommes dangereux courent les cercles, intriguent, s'agitent ſous toutes les formes, & calomnient les corps populaires de Saint-Domingue.

Malgré les pièges de la malveillance, les blancs ſe ſoumirent, ſans réclamation, à la loi du 4 avril. Cependant, BLANCHELANDE & ROUME, qui, ſous prétexte de la faire exécuter, cherchoient de nouveaux moyens d'agiter Saint-Domingue, voyagèrent dans les trois provinces. Ils marchoient ſans

(1) Cette ſociété fut formée au Cap le 29e jour du mois de mai dernier, par les ſoins des patriotes Lachaiſe, Baillio, Lacorée, Lauzier, Villeneuve, &c. Pour récompenſer le zèle & le courage avec leſquels j'avois pourſuivi les agitateurs, ces citoyens me décernèrent l'honneur de es préſider dans leurs premières ſéances.

escorte, parmi les *révoltés qu'un pouvoir magique sembloit enchaîner à leur aspect.*

Ils protégeoient les jugemens sanguinaires d'un tribunal inconstitutionnel, que les hommes de couleur & les blancs, coalisés avec eux, avoient formé à *Saint-Marc, & dont ils reconnoissoient eux-mêmes l'illégalité.*

Des citoyens, des membres des corps populaires, ceux même de l'assemblée coloniale, arbitrairement arrêtés par les GRIMOUARD, les CAZA-MAJOR, étoient jettés dans les cachots de ce tribunal, pour tomber, bientôt après, sous la hache du bourreau, ou sous le fer des assassins qu'ils protégeoient par leur présence.

Ils rétablissoient les états-majors des places, & toutes les autorités de l'ancien régime.

Sous leurs yeux, CAZA-MAJOR blasphémoit la révolution, & faisoit exécuter l'ostracisme des patriotes.

Ils faisoient exécuter, par la municipalité du *Port-au-Prince*, l'ostracisme d'un grand nombre de citoyens, qui réclamoient, *inutilement*, la protection ou la sévérité de la loi, sur leurs personnes ou leurs propriétés..... Un d'entr'eux, désigné, depuis long-temps, à cause de ses talens & de son civisme, fut envoyé à *Saint-Marc*. Le prévôt des maréchaussées de cette ville, le tristan de BLANCHELANDE & de ROUME, l'atteignit avant même qu'il eût touché au rivage, l'assassina, & fit jetter dans un sac ses membres palpitans : un boulet, ajouté à la pésanteur de ses fers, entraîna cette victime au fond de la mer.

Deux bataillons des neuvième & quarante-huitième régimens d'infanterie, & un détachement du corps d'artillerie, avoient sauvé Saint-Domingue. Leur civisme & leur courage les rendoient également redoutables aux aristocrates & aux révoltés. BLANCHELANDE & ROUME en ordonnèrent l'embarquement pour France, au moment même où de nouveaux incendies rendoient leur présence d'autant plus nécessaire que, formés au climat brûlant de la zone torride, ils y faisoient la guerre, sans en craindre les influences.

Le deuxième bataillon du neuvième régiment partit, emportant les stériles regrets d'un peuple reconnoissant, dont il avoit arrêté la destruction entière.

Le reste de la garnison alloit le suivre, lorsque le peuple qui, jusqu'alors, avoit dévoré ses craintes & sa douleur, manifesta la volonté de conserver autour de lui des soldats citoyens, qui seuls pouvoient arrêter les projets criminels de l'aristocratie.

Pendant que ROUME achevoit au *Port-au-Prince* la contre-révolution qu'il avoit commencée, d'accord avec BLANCHELANDE, celui-ci, suivi de trois officiers seulement. parcouroit la province du *Sud*, que couvroient des milliers de révoltés, encore dégouttans du sang des blancs, *& qui, près de lui seul, perdoient leur férocité.* Il faisoit évacuer tous les postes établis dans cette province, pour en arrêter la ruine totale; & résistant aux sollicitations des corps populaires, qui vouloient profiter du rapprochement des hommes de couleur, pour ramener les nègres à l'ordre, avant que, par des rassemblemens plus nombreux, ils eussent pu combiner des moyens de résistance, il entretenoit des liaisons avec les principaux chefs de révolte ; & conféroit secrètement avec eux.

Bientôt, on vit ces mêmes nègres incendier les habitations encore intactes, & provoquer les blancs, du haut des retranchemens qu'ils avoient faits, pendant que BLANCHELANDE refusoit de sortir contr'eux.

Ce fut alors que cet officier perfide parut vouloir les attaquer : mais, par des dispositions combinées avec toute la profondeur du crime, il mit son armée dans l'impuissance d'agir. Ses colonnes, trop multipliées & formées dans des lieux & des temps différens, furent tour-à-tour écrâsées, & la moitié de son armée y périt.

ROUME agitoit l'*Ouest* ; BLANCHELANDE révoltoit le *Sud*, dont il faisoit exterminer les citoyens patriotes & les soldats. CAZA-MAJOR vexoit, opprimoit, emprisonnoit, bannissoit arbitrairement les patriotes au nom, disoit-il, des hommes de couleur, & blasphémoit la révolution. CAMBEFORT protégeoit ces attentats & travailloit son régiment, les hommes de couleur & les ateliers du *Cap*. ROUVRAY, SON FILS, entourés d'une armée aristocratisée, protégeoient leurs nègres, qui faisoient seuls du sucre dans un quartier dévasté ; &, par leurs intrigues, la ville du *Fort-Dauphin* courut les risques de son anéantissement. La *Grande anse*, toujours paisible, parce qu'elle avoit su déjouer tous les agens de l'aristocratie, avoit rendu à la liberté les hommes de couleur qu'elle avoit retenus à bord des navires mouillés dans sa rade. Cette détention, motivée par les projets hostiles d'un grand nombre d'entr'eux, mais sur-tout par les meurtres & les incendies commis par plusieurs, fut un moyen utile qu'avoient commandé les circonstances. Cette mesure honore la sagesse & la philosophie des blancs de ces quartiers.

Telle étoit la situation politique de Saint-Domingue, à l'arrivée des commissaires-civils POLVEREL, SONTHONAX & AILLHAUD.

Alors BLANCHELANDE, dénoncé par la clameur publique, fut envoyé pardevant la convention nationale. Un décret d'accusation, justement rendu contre cet agent principal de la contre-révolution de Saint-Domingue, nous laisse espérer que, malgré *ses trésors & les intrigues de ses complices*, il recevra le châtiment de sa scélératesse.

La chute de BLANCHELANDE n'avoit cependant rien changé au plan de contre-révolution, & D'ESPARBÈS, CAMBEFORT, TOUZARD, &c. &c. &c., poursuivoient leur tâche liberticide; les feux de la guerre alloient s'allumer entre le despotisme & la liberté, lorsque le développement de la puissance du peuple, sous les auspices des commissaires-civils, a désarmé les traîtres. Depuis long-temps ils auroient disparu de Saint-Domingue, si les patriotes, si les corps populaires, *calomniés, blâmés même au sein des assemblées constituante & législative*, n'avoient redouté leur colère.

Mais Saint-Domingue n'est pas encore sans danger; les provinces de l'*Ouest* & du *Sud* nourrissent des malveillans, les COUSTART, les JUMÉCOURT, les VILLARS, &c. &c. &c. &c.; les SKERENSKOFF, &c., & généralement tous les hommes attachés au gouvernement militaire, à l'administration des finances, & sur-tout à l'ordre judiciaire. Le retour de l'ordre eſt ſubordonné à l'oſtraciſme de ces principaux agitateurs. Alors, les hommes de couleur, qui, malgré l'exécution de la loi du 4 avril, ſe tiennent encore en armes, ſous une attitude menaçante, & les nègres révoltés, rentreront *ſpontanément* dans l'ordre. Ces infortunés, victimes de leur ignorance, ne furent jamais que les inſtrumens des contre-révolutionnaires, qui ſembloient vouloir porter à Saint-Domingue la *liberté* & l'*égalité*, pour pouvoir ramener en France le deſpotiſme & l'ariſtocratie.

Nous avons vu Saint-Domingue dans ſon état d'indépendance, lorſque des hommes nés pour la liberté vinrent de toutes les parties du monde habiter ſes forêts, & fonder la république des *Flibuſtiers*, tour-à-tour l'admiration de l'Europe, étonnée de leur courage & de leurs vertus, & la terreur de l'Eſpagne, ſur laquelle ils avoient conquis la terre qu'ils habitoient.

Nous avons vu les *Flibuſtiers* dépoſer leurs armes, &, cultivateurs pacifiques, demander à la France protection efficace, en échange des productions de ſon ſol. Le plus abſolu des rois, Louis XIV, reſpecta ce pacte ſacré, & laiſſa au peuple de Saint-Domingue le gouvernement qu'il s'étoit donné.

Bientôt des miniſtres corrupteurs altérèrent ſes principes & ſon gouvernement; le deſpotiſme s'y gliſſa par la magie des dignités, & ſa liberté s'écroula ſous la cupidité de ſes adminiſtrateurs, & ſous l'orgueil ariſtocratique des grands propriétaires.

Nous avons vu Saint-Domingue briſer, en même

temps que la France, l'idole du despotisme, malgré ses intrigues & sa puissance.

Nous avons vu l'assemblée constituante émettre son décret du 8 mars 1790, & divaguer entre les grands principes des droits des peuples, & l'aristocratie mercantille de ces hommes qui ne considèrent les colonies « QUE COMME DE RICHES » FERMES, DONT LE FERMIER TIRE TOUT CE » QU'IL PEUT, ET QU'IL ABANDONNE APRÈS » LES AVOIR ÉPUISÉES (1) ».

Nous avons vu l'assemblée constituante, victime des intrigues du ministre la LUZERNE & de la perfidie de BARNAVE, décréter les instructions du 28 mars 1790, & porter dans Saint-Domingue les plus grands moyens de discorde, par ses dispositions insuffisantes, & la rédaction vicieuse de de l'article IV.

Les hommes de couleur & nègres libres avoient été toujours étrangers aux délibérations du peuple, & leur activité politique auroit dû être déterminée par une loi positive, comme le fut celle des juifs, &c. &c. Jusqu'alors les représentans des citoyens, réunis en assemblée générale, & chargés d'organiser les autorités, étoient seuls chargés de parcourir & de réformer les vices du gouvernement.

Nous avons vu ce même gouvernement agiter les hommes de couleur & nègres libres, à la faveur de cette loi, pour paralyser & dissoudre les corps

---

(1) Telle étoit l'opinion qu'exprima, *mot-à-mot*, à l'assemblée constituante, PAUL NÉRAC.

populaires. Celui du Port au-Prince fut dispersé les armes à la main.

Nous l'avons vu se coaliser avec l'assemblée provinciale du *Nord*, que composoient le commerce, l'ordre judiciaire, & quelques planteurs privilégiés, pour porter sous les murs de *Saint-Marc* les feux de la guerre civile.

Nous l'avons vu former une corporation inconstitutionnelle, dont les ramifications, couvrant toutes les surfaces de Saint-Domingue, étouffoient la liberté naissante.

Nous l'avons vu poursuivre les représentans du peuple de Saint-Dominge, jusqu'au sein de l'assemblée constituante qui, par son décret du 12 octobre 1790, consacra des crimes du despotisme & victima la vertu.

Nous avons vu BLANCHELANDE trahir le secret de la correspondance ; dissoudre les corps populaires par la violence ; enlever arbitrairement des citoyens investis de fonctions publiques, & les faire assassiner par des tribunaux sanguinaires, instrumens de ses vengeances ;

Nous l'avons vu chercher à corrompre l'armée par *des boissons & la débauche*, & s'enfuir au *Cap*, pour delà calomnier le reste de Saint-Domingue & l'armée ; il espéroit encore une fois provoquer la guerre civile ;

Nous l'avons vu demander au ministre des troupes étrangers, & repousser en même temps les troupes que BÉHAGUE renvoyoit de la Martinique, à cause de leur civisme ;

Nous l'avons vu convoquer une assemblée coloniale, conformément à la loi du 12 octobre 1790 ;

mais l'aſſemblée provinciale du *Nord*, dont il s'étoit entouré; mais DUBUC DE SAINT-OLYMPE, cet agitateur de la *Croix-des-Bouquets*, qu'il traînoit après lui, s'oppoſoient à l'execution de la loi, & propoſoient de nouvelles meſures.

Nous l'avons vu menacer la France de ne pas faire exécuter le décret du 15 mai 1791;

Nous l'avons vu atténuer la confiance que méritoient les nègres fidèles, & leur refuſer les armes qu'ils demandoient par l'organe de leurs maîtres; paralyſer la force armée; ſe renfermer dans la ville du *Cap*, juſqu'à ce que la révolte eût gagné dans les plaines voiſines; ne ſortir que pour donner chaſſe aux révoltés, qui repoſoient indolemment ſur les cendres des habitations de leurs maîtres; les pouſſer dans les montagnes encore intactes, où, forcément, ils portoient & le fer & le feu.

Nous l'avons vu enlever le patriote d'ASSAS à un poſte important, pour lui ſubſtituer CAMBEFORT & TOUZARD, dont les noms ſont ſeuls un outrage à Saint-Domingue;

Nous l'avons vu jetter le patriote d'ASSAS au loin, dans la plaine, pour le laiſſer s'y conſumer ſans ſecours;

Nous l'avons vu abandonner les montagnes de l'*Eſt*, & laiſſer, ſans défenſe, les citoyens de *Valière*, pendant qu'il envoyoit quinze cents hommes ſe fatiguer & périr dans les marais du *Limbé*;

Nous l'avons vu fatiguer les corps populaires, calomnier leurs délibérations, paralyſer leurs opérations, approuver ſes ſubordonnés, qui ſubſtituoient aux autorités conſtitutionnelles, les formes de l'ancien régime, & le commandement arbitraire: il

n'oſoit

n'osoit pas arborer la cocarde *blanche*, mais il s'entouroit d'officiers à la cocarde *jaune*, à la cocarde *verte*; il s'en faisoit accompagner jusqu'au sein de l'assemblée coloniale, *qui défendit ces couleurs par un arrêté solemnel.*

Nous l'avons vu protéger les officiers factieux, qui servoient sous les ordres de GIRARDIN, & mentir à la promesse qu'il fit à l'assemblée coloniale, de les envoyer rendre compte de leur conduite à l'assemblée nationale, &c.

Nous l'avons vu distribuer les troupes que lui envoyoit la France, de manière à les rendre impuissantes. Les détachemens les plus foibles étoient envoyés aux postes les plus dangereux; & le soldat, épuisé par les influences d'un climat nouveau, les mauvais alimens & les excès de la fatigue, tomboit, sans efforts, sous le poignard des révoltés. Les corps les plus patriotes étoient jettés dans les marais insalubres du *Limbé*, du *Fort-Dauphin*. Là, ils périssoient empoisonnés par un air infecté des eaux pestilentielles, des alimens corrompus. D'autres étoient dispersés dans les plaines de l'*Est*, sous les ordres de ROUVRAY, *qui les aristocratisoit, & s'en servoit pour protéger son habitation, qu'il cultivoit tranquillement, pendant que le reste de cette plaine n'étoit plus qu'un tas de cendres.*

Nous l'avons vu provoquer, par son exemple, la désobéissance à la loi, & protéger ROUVRAY, JUMÉCOURT, VILLARS, &c. &c. révoltés contre les arrêtés de l'assemblée coloniale, que lui-même avoit approuvés.

Nous l'avons vu s'entourer de ces hommes inoccupés, que la France vomit à Saint-Domingue, où, sans cesse nourris d'intrigues, ils furent, dans tous les temps, le fléau de la société, des officiers militaires, des officiers d'administration & leurs commis, des officiers de justice, de négocians, de quelques grands propriétaires ambitieux ou ruinés; & commander les délibérations des corps populaires; vexer, insulter les plus généreux patriotes, & menacer la société d'un bouleversement général.

Nous l'avons vu renvoyer en France les soldats patriotes, dont l'exemple & les talens pouvoient éclairer l'armée; enchaîner & ostraciser les grenadiers du régiment du *Cap*, parce qu'ils avoient dénoncé aux corps populaires les moyens de séduction qu'employoient leurs officiers pour leur faire déserter leurs drapeaux.

Nous l'avons vu s'agiter pour faire prononcer l'assemblée coloniale sur l'état politique des hommes de couleur, pendant que l'émission de la loi du 4 avril 1792 étoit généralement connue: *il vouloit jetter ce nouveau brandon dans Saint-Domingue.*

Nous l'avons vu recommander *fructueusement*, au gouverneur espagnol, les contre-révolutionnaires de la *Croix-des-Bouquets*, pendant qu'il laissoit les patriotes du *Nord* errer & périr, *sans protection & sans secours*, sur les sables de *Monte-christ*, *s'ils n'étoient vendus aux brigands.*

Nous l'avons vu former, & protéger à *Saint-Marc*, un tribunal de sang; faire arrêter & tenir en captivité des membres de l'assemblée coloniale, & grand nombre de citoyens, dont le civisme étoit un crime à ses yeux.

Nous l'avons vu menacer les citoyens du *Port-au-Prince*, d'une destruction totale, s'ils ne livroient trois cens d'entr'eux, à son choix. Les uns se sont volontairement expatriés, d'autres ont subi l'ostracisme. Le plus connu d'entr'eux a été mis en pièces, & ses membres palpitans ont été jettés au fond de la mer.

Nous l'avons vu voyager dans le *Sud ; l'incendie suivoit ses pas.* S'il a marché contre les révoltés, ce n'est qu'après les avoir laissés se former. Alors il a distribué son armée, de manière à la livrer, sans ressource, aux brigands, dont le triomphe a été scellé du sang des citoyens.

Nous avons vu MIRBECK, ROUME & SAINT-LÉGER, désorganiser Saint-Domingue ; calomnier les corps populaires & le peuple lui-même ; paralyser les municipalités & les assemblées administratives de l'*Ouest* & du *Sud ;* se coaliser avec l'aristocratie incendiaire ; afficher la dissolution & l'immoralité, & fuir lâchement de cette terre qu'ils pressuroient, pour venir jouir paisiblement, en France, & mentir à l'assemblée législative.

LÉGISLATEURS,

LE despotisme règne aux îles du vent, & le patriotisme concentré n'ose élever sa tête qui tomberoit bientôt sous la hache des tyrans. Le despotisme régneroit à Saint-Domingue, sans l'énergie de quelques citoyens éclairés qui, déjouant les manœuvres de l'aristocratie, ont toujours soutenu la liberté chancelante dans ces contrées ; il régneroit à Saint-Domingue, sans le civisme des commissaires POLVEREL & SONTHONAX, sans le courage & l'incorruptibilité de l'armée.

Dans l'esquisse rapide que j'ai faite de l'histoire de Saint-Domingue, vous avez vu combien les erreurs des assemblées, qui vous ont précédé, lui

D 2

furent funestes. Les corps populaires, présentés comme des rassemblemens de factieux, dominés par l'intérêt & l'orgueil, ne purent être entendus ; & , sur les assertions audacieuses de quelques malveillans, on prenoit les déterminations les plus incohérentes.

Profitez, citoyens, des erreurs de vos devanciers. Vous avez pour vous l'exemple terrible des désastres de Saint-Domingue. Comme hommes, vous devez être affligés de ses malheurs : comme législateurs, vous devez être effrayés de tenir dans vos mains les destinées de cet infortuné pays.

Souvenez-vous bien que BLANCHELANDE & les siens, *enrichis des calamités publiques*, osent espérer qu'aujourd'hui, comme autrefois, l'homme puissant peut, avec impunité, se couvrir du sang du peuple.

Souvenez-vous qu'on ne peut juger à Paris un fonctionnaire public, pour des délits commis aux Antilles. L'image de son crime s'affoiblit à d'aussi grandes distances, & les témoins de ses forfaits n'osent se mettre en évidence, crainte d'être obligés de venir, de deux mille lieues, se confronter avec l'accusé.

Souvenez-vous que BLANCHELANDE voit liés à son sort des hommes accrédités, qui le présentoient autrefois comme un loyal officier, pendant qu'ils provoquoient toute votre sévérité contre l'assemblée coloniale. Le jugement qu'en portent les commissaires civils détruit, il est vrai, ces assertions calomnieuses ; mais ce n'est pas encore assez, & si vous n'y prenez garde, vous verrez triompher le crime.

Souvenez-vous, enfin, LÉGISLATEURS, que le

peuple de Saint-Domingue, vexé, opprimé par l'assemblée constituante, dans les personnes de ses représentans, calomnié dans toute la France, sacrifié à l'aristocratie, *qui l'assassinoit*, n'a jamais démenti l'amour qu'il porte à la mère-patrie.

Les peuples de l'antiquité eurent aussi leurs colonies : ils connurent même mieux que nous leur rapport avec elles. Unies à leur mère-patrie par des pactes déterminés d'après l'expression libre de chacune des parties, elles formoient autant d'états libres, parfaitement indépendans, quant à leur régime intérieur.

C'est ainsi qu'il convient à la France de considérer les Antilles, & sur-tout Saint-Domingue.

Les grands principes sur lesquels repose le gounement de la république, le commandent impérativement. Le respect profond dont chacun est pénétré pour les droits des peuples, la lettre que la convention nationale vient d'écrire aux Etats-Unis d'Amérique, annoncent qu'il est temps que les colonies, loin d'être un objet exclusif de spéculations commerciales, soient un nouveau moyen de réunir tous les peuples du monde.

Citoyens LEGISLATEURS, c'est à vous qu'appartient l'honneur de rompre le cercle étroit autour duquel vos devanciers ont toujours divagué pour le malheur de mon pays : dites au peuple de Saint-Domingue : *Frères, vous avez été plus que nous, victimes de la révolution qui prépare le bonheur du monde : comme nous vous devez jouir de ses bienfaits. Si la France a cru devoir diriger vos premiers pas dans la carrière politique qui s'ouvroit devant vous, les désastres de votre pays lui ont appris qu'à d'aussi grandes distances elle ne pouvoit, sans danger, vous donner des loix : jettés par la nature sous un ciel différent, vous éprouvez des modifications qui doivent influer sur votre existence politique ; & cette somme d'influence ne peut être justement appréciée que par l'homme qui habite vos climats : reprenez l'exercice des droits que vous donna la nature : usez-en pour le bonheur de tous : donnez-vous des représentans ; commandez-leur de vous rédiger des loix ; chargez-les de vous présenter un projet d'union avec votre mère-patrie, qui veillera sur votre adolescence ; & si quelque génie désorganisateur vouloit égarer vos pas, entraver vos operations, elle vous protégera de toute sa puissance.*

Tel est le langage que vous commandent les *principes* éternels que vous avez consacrés ; tel est le langage que vous commandent la *politique* autant que la justice.

Les malheurs du peuple Américain vous ont donné la mesure de son amour. Que ne fera-t-il pas, lorsqu'il ajoutera le sentiment de la reconnoissance à celui de la nature ?

Il fut trop long-temps calomnié par des hommes qui vous l'ont présenté divagant encore dans les premiers élémens des sciences politiques & morales. La partie françoise de Saint-Domingue peut cependant compter quelques talens & des vertus, que toute la perfidie de l'homme qui, le premier, voulut donner cette idée du peuple américain, ne peut atténuer.

On vous a dit que le colon, infidèle à sa mère-patrie, vouloit se donner à l'Angleterre (1). Mais si la France possède encore des Antilles, ne les doit-elle pas au courage de leurs habitans, qui seuls, sous le règne oppresseur des rois, ont lutté contre toutes les forces de la Grande-Bretagne, lorsque Louis XV avoit perdu ses vaisseaux? Si, dans des temps plus heureux, les escadres de la France, commandées par d'Estaing, ont fait trembler l'Angleterre pour ses possessions d'Amérique, les colons de toutes couleur ne formoient-ils pas spontanément la partie la plus nombreuse de l'armée?

Si les habitans de Saint-Domingue repoussoient l'Angleterre, lorsqu'ils étoient opprimés par les tyrans de la France, pourroient-ils l'invoquer aujourd'hui, que les tyrans ne sont plus? Pourroit-on douter s'ils aiment la révolution? Leurs malheurs n'ont-ils pas encore assez attesté leur civisme? La partie françoise de Saint-Domingue, eût-elle péri dévastée, si elle eût voulu composer avec le despotisme?

Lorsque le gouvernement voulut perdre l'assemblée coloniale, séante à *Saint-Marc*, il accusa ses intentions, parce qu'elle étoit irréprochable dans sa conduite. Telle est l'origine des calomnies, que les intrigues de quelques factieux ont accréditées peut-être.

On vous a dit que le peuple américain vouloit être indépendant. Ses désastres, suite inévitable de l'incohérence des loix que vos devanciers ont portées pour les colonies, auroient bien pu faire naître ce systême; mais la vérité me commande

(1) Caduchs, membre de l'assemblée coloniale, osa le proposer à plusieurs.... Sa proposition fut écartée avec horreur.

de dire que le peuple a manifesté une volonté différente ; & loin de méconnoître la souveraineté de la France, il ne sollicita jamais que la faculté d'organiser son régime intérieur ; & toujours, néanmoins, il obéit provisoirement à la loi. Oui, citoyens, il sollicita, comme une faveur, le *minimum* des droits imprescriptibles que la *nature*, la *justice* & la *politique* lui puissent accorder.

On vous a dit que le peuple américain, débiteur au commerce de France, travailloit à son indépendance, pour ne pas acquitter sa dette. Accuser tout un peuple d'une telle immoralité, c'est un outrage de la scélératesse la plus perfide. Les peuples & les gouvernemens ne sont-ils pas soumis à des loix générales, que commandent la morale, leurs intérêts respectifs & la politique? L'insurrection de l'Amérique du nord a-t-elle acquitté les américains débiteurs au commerce de l'Angleterre? Le premier soin d'un gouvernement ne doit-il pas être d'établir son crédit & la confiance?

Le planteur de Saint-Domingue jouit, il est vrai, d'une réputation d'inexactitude odieuse; mais le commerce de France, en disséminant cette opinion, ne pourroit-il pas être injuste? Ne devroit-il pas plutôt accuser l'infidélité de ses agens?

On trouve à Saint-Domingue deux classes d'hommes, le planteur & le négociant. Le premier est le vrai colon, il tient au sol par sa propriété ou son industrie (1). Voilà le citoyen.

---

(1) Les planteurs ne sont pas tous propriétaires; mais ils n'en sont pas moins attachés au sol qu'ils cultivent: ils ont toujours l'espérance, plus ou moins rapprochée,

Le négociant, qui du ſein des villes ou du fond de ſon cabinet, met à contribution & l'Europe & l'Amérique, étranger à tous les pays, les ſacrifie tous à ſa cupidité; il vit à Saint-Domingue comme un joueur vit autour d'un tapis verd. Voilà l'agitateur.

En effet, on ne ſauroit trouver à Saint-Domingue le vrai commerçant, cet homme précieux qui unit par ſes relations toutes les parties de la terre, pendant qu'au ſein de ſa patrie il vivifie l'agriculture & les arts; mais on y trouve des facteurs, des commis, des agens du commerce de France, qu'ils trompent, & des planteurs qu'ils oppriment. Infidèles à tous, ils accuſent en France, l'inexactitude du planteur, de l'odieux de leur improbité.

Il eſt inutile de préſenter le développement dont peut-être ſuſceptible un pareil tableau. Une adreſſe du Port-au-Prince, à la date du 30 juillet 1791, décèle toutes ces turpitudes.

On y voit comment ces facteurs ſpéculent ſur les fonds de leurs commettans; comment ils ſubſtituent des marchandiſes de mauvaiſe qualité aux meilleures cargaiſons; comment ſous prétexte d'avarie, il font vendre judiciairement des marchandiſes de bonne qualité, qu'ils achètent ſecrètement; comment ils retiennent, pendant des années entières, les navires dont ils ſont chargés, prétextant l'in-

---

de cultiver pour leur propre compte; &, par une ſuite néceſſaire de leurs habitudes, ils ſe naturaliſent & s'attachent à une terre qui fait leur ſeule eſpérance.

Les ouvriers, & généralement tous ceux qui trouvent, dans un travail méchanique, les beſoins de la vie, ou les richeſſes, ne chériſſent pas moins leur patrie adoptive.

exactitude de leurs débiteurs, lorſqu'au contraire ils trafiquent, à leur profit, des fonds dont ils ont fait le recouvrement; comment, ſous mille prétexte divers, ils font des marchés plus ou moins onéreux au commerce de France & à leurs conſtituans.

Telle eſt l'origine du diſcrédit des habitans de Saint-Domingue. Ce n'eſt pas cependant que des malheurs inattendus, que la nature des propriétés met au-deſſus de toute la ſageſſe humaine, ne mettent quelquefois les débiteurs en retard; mais de très-gros intérêts dédommagent le créancier, & trop ſouvent l'inexactitude du débiteur eſt la ſuite des engagemens uſuraires que le créancier fait contracter à l'homme, preſſé par le beſoin ou enhardi par l'eſpérance & l'ambition.

On peut, enfin, conſidérer la population des colonies, *relativement à la France*, ſous trois rapports différens.

Le premier préſente les commerçans & les hommes du gouvernement. Ceux-là ont toujours entretenu des relations multipliées avec toutes les claſſes de la ſociété. *Leur opinion peut paroître tout au moins ſuſpecte.*

Le ſecond préſente des créoles ou quelques autres poſſeſſionnaires qui, pour le malheur des colonies, ne les habitent pas aſſez. Vivant preſque toujours en France, l'image de leur pays ne ſe préſente plus à leur eſprit, qu'avec des modifications dépendantes des circonſtances qui les environnent.

Le troiſième préſente des colons attachés à leur pays, par tous les nœuds de la ſociété. Si les liens du ſang ou de l'amitié tournent leurs regards vers la France, ce ſentiment, que la reconnoiſſance & la nature ont profondément gravé dans leur cœur, ne diminue rien de l'attachement qu'ils portent à leur patrie adoptive ; mais, ces hommes, étrangers à toutes les intrigues de l'Europe, n'ont pu ſe faire entendre, *parce qu'ils froiſſoient les abus de l'ancien régime, & la cupidité du monopole.*

C'eſt ainſi que la France n'a jamais eu que des données incertaines ſur les colonies ; comment pourroit-elle, ſans danger, s'occuper de leur ſyſtême politique ?

C'eſt ainſi que les aſſemblées conſtituante & légiſlative ont, arbitrairement, porté des loix contradictoires pour ces contrées, avant d'avoir établi des baſes poſitives, avant d'avoir déterminé ce que c'eſt qu'une colonie. Leur ſilence, à cet égard, ſeroit-il le réſultat du choc de l'intrigue des ariſtocraties, contre les grands principes des droits des peuples ? . . . . .

Les colonies ne peuvent être conſidérées que ſous trois rapports : comme parties intégrantes de l'empire ; comme poſſeſſions diſponibles de l'empire ; comme ayant le libre exercice de la ſouveraineté.

Si elles ſont parties intégrantes de l'empire, pourquoi les autres portions y exercent-elles le privilége d'un commerce excluſif ? pourquoi voudroit-on les excepter de la loi commune ? pourquoi ſont-elles aſſervies à un monopole oppreſſeur, pendant que les autres jouiſſent d'une liberté illimitée ?

Si elles ſont des poſſeſſions diſponibles de l'empire, la France pourroit donc les vendre, les aliéner, & la partie françoiſe de Saint-Domingue deviendroit, comme autrefois la Louiſiane, la victime de quelques ſpéculations politiques. Alors les colons pourroient dire, avec vérité, qu'il n'eſt pas de tyrannie pareille à celle qu'exerce un peuple libre ; alors les colons s'enſéveliroient ſous les ruines de leur pays, s'ils ne rompoient, pour toujours, un joug odieux. Le grand caractère qu'a développé, depuis deux ans, le patriote de Saint-Domingue ne laiſſe aucun doute à cet égard.

Si la France reconnoît leur ſouveraineté, elle rentre dans ſes principes d'éternelle juſtice, qu'a conſacrés la convention nationale : elle ne laiſſe pas de doute ſur ſes intentions ; & les peuples de la terre verront, avec délice, s'élever à leur côté une nation puiſſante, qui ſait reſpecter leur foibleſſe.

La France a toujours applaudi l'Américain du Nord, qui ſépara ſes deſtinées de celles de l'Angleterre ; & la France pourroit vouloir aſſervir l'Américain diſſéminé ſur les Antilles ? . . . . . La juſtice éternelle a-t-elle deux poids & deux meſures ? . . . . . Sans doute elle aimera mieux ſe les attacher par l'amour & la reconnoiſſance, que d'y régner par la terreur.

Tel eſt l'empire de l'habitude, des liaiſons du ſang & de l'amitié, des rapports du commerce, des mœurs & du langage, que l'Americain du Nord, après une lutte à mort contre l'Angleterre, la préfère cependant, ſous tous les rapports poſſibles, à la France, qui lui donna ſa liberté. Que ne feroit pas l'homme aimant, généreux & loyal des Antilles, lorſqu'il ne verroit, dans ſa mère-patrie, qu'un génie tutélaire & bienfaiſant ?

Ce n'eſt pas là le caractère qu'a pris la France juſqu'à ce jour ; & les opinions étranges, manifeſtées ſur les colonies, *décèlent l'orgueil & la volonté de les aſſervir ; elles décèlent la paſſion &*

la cupidité ; elles décèlent la méchanceté ou l'ignorance.

Il n'eſt pas une ſeule loi qui ne ſoit deſtructive d'une autre loi : il n'en eſt pas une qui ne ſoit un attentat aux droits des colonies ; & la convention nationale elle - même n'a pas été exempte d'erreur..... Je le prouve.

Si la partie françoiſe de Saint-Domingue eſt partie intégrante de l'empire, elle a droit à la protection que le gouvernement porte à chacune des portions qui la compoſent. Pourquoi donc la convention nationale, en décrétant la ſomme de dix millions & quelques cents mille livres tournois, pour le paiement des traîtes fournies par l'adminiſtration de Saint-Domingue, a-t-elle voulu que cette infortunée colonie demeurât grevée du rembourſement de cette ſomme ? Eſt-ce parce que ces deniers ont fourni aux patriotes des moyens de répreſſion contre l'ariſtocratie qui avoit ſoulevé les nègres & les hommes de couleur ? Eſt-ce parce que ces deniers ont fourni quelqu'aliment, de mauvaiſe qualité, à des braves citoyens que leur zèle pour la révolution a précipités, du faîte de la fortune, dans la plus affreuſe misère ? eſt-ce parce qu'il n'eſt pas un ſeul, *pas un ſeul* patriote qui n'ait à gémir ſur le deuil de ſon parent, de ſon ami, ſur la perte de ſa fortune ? eſt - ce parce que la partie françoiſe de Saint-Domingue eſt ſoumiſe au plus odieux monopole (1), à l'exercice immoral d'un

---

(1) A travers mille exemples, un ſeul fera connoître le commerce de Saint-Domingue. Tous les planteurs ont été ruinés ; les commerçans ſeuls s'enrichiſſoient des calamités publiques, en preſſurant, par mille moyens

commerce exclusif? est-ce parce qu'elle occupe *quarante-huit mille* matelots, & *huit millions* d'hommes disséminés sur le territoire de la république? est-ce parce qu'elle consomme pour *quatre-vingt millions* des productions du sol ou des manufactures de la France, ou parce qu'elle lui donne un résultat de *soixante-dix millions* dans la balance de son commerce avec l'étranger? Si l'exercice d'un commerce exclusif pouvoit prendre un caractère de justice, ce ne pourroit être qu'autant qu'il seroit un dédommagement des frais de protection, qu'un peuple généreux & puissant fournit à un peuple agricole.

Cependant, la partie françoise de Saint-Domiugue demeure débitrice, à la France, des dépenses qu'elle a faites pour se défendre des ennemis de la révolution, pendant que les autres portions de la république ont reçu une protection gratuite & puissante, pendant que leurs habitans ont individuellement reçu des indemnités relatives aux dommages qu'ils avoient éprouvés. Certes, la république ne pouvoit faire un meilleur usage de ses soldats & de ses trésors : mais Saint-Domingue y a un droit égal.

---

divers, l'homme qui avoit sauvé quelques débris de sa fortune. Jusques-là, cependant, rien n'étonnera celui qui connoît leur immoralité : & l'usurier put quelquefois n'être pas un mauvais citoyen. Mais celui qui, vendant à l'administration *l'avitaillement de l'armée*, lui fait un escompte de *cinquante pour cent* sur les traites qu'elle fournit en paiement sur le trésor national. Celui qui ne reçoit les mêmes traites, en échange de l'argent, qu'à l'escompte de *quatre-vingt pour cent*, ne put être... Je m'arrête...., TELS SONT A SAINT-DOMINGUE LES AGENS DU COMMERCE DE FRANCE....

La France, étonnée de ſon nouvel être, & ſans ceſſe frappée des grands mouvemens politiques qui agitent le monde, ne voit les colonies que comme un point qui ſe perd dans ſon horizon; mais le temps n'eſt pas loin, où ſes repréſentans tourneront vers elles un regard bienfaiſant. Alors, ils ſauront concilier les droits & les intérêts de tous. Sans doute, on verra s'agiter autour d'eux l'ariſtocratie de quelques commerçans qui croiront voir la diſſolution de la république dans des opérations politiques, qui mettront les colonies en meſure d'arrêter les abus du monopole (1); mais le commerce de France, dédaignant ces ſpécula-

---

(1) Alors les marchandiſes portées aux colonies auront les qualités requiſes par la loi; elles auront la bonté, la peſanteur, les dimenſions néceſſaires. Une coupable avarice ne trompera plus impunément le colon qu'elle empoiſonne par des alimens corrompus & des boiſſons frelatées. Si les Antilles ne peuvent manger que le pain & les productions de la France; ſi elles ne peuvent boire que ſes liqueurs & ſes vins, au moins faut-il qu'elles puiſſent punir le ſpéculateur coupable qui abuſera de ce privilège odieux.

Alors, les commerçans de Saint-Domingue ne pourront plus refuſer de prendre, en paiement, les denrées du pays; car, par la plus perfide combinaiſon, ils arrêtent, autant qu'il eſt en eux, la circulation du numéraire, & décréditent tous les autres moyens d'échange, pour faire tomber à bas prix les denrées coloniales, & faire monter l'argent, dont la valeur commerciale eſt toujours en raiſon de la rareté. C'eſt ainſi qu'ils achètent à dix ſols des denrées qu'ils revendent quarante & cinquante, &c. &c. &c. . . . C'eſt ainſi que, dans cinq ou ſix ans, ils font des *fortunes* inſolentes, pendant que le cultivateur végète toute ſa vie.

tions particulières, qui furent toujours un attentat aux intérêts de la société, applaudira les grandes mesures qui établiront un juste équilibre entre la France & les colonies (1).

LÉGISLATEURS, je viens de vous parler le langage de la vérité, comme je le faisois à Saint-Domingue, sous le poignard même de l'aristocratie. Inaccessible à la crainte, je fus toujours ennemi de l'intrigue. Membre de l'assemblée coloniale, j'ai suivi les événemens de mon pays. Commissaire auprès de vous, j'en ai fait le développement, & mes preuves se trouvent écrites dans quatre cents pièces officielles, que j'ai analysées dans un ordre tel, que cet ouvrage présente lui-même l'histoire des désastres de mon pays, leur cause & leurs effets (2).

Là, vous verrez que BLANCHELANDE, CAMBEFORT, TOUZARD, PISON, POITOU, JUMÉCOURT, VILLARS, SKERENSCOFF, ROUME, DECOIGNE, LABIGNE, LAVALIERE, ROUVRAY, père & fils; SAINTE-CROIX, DAULNAY-DE-CHITRY, HANNES-DE-JUMECOURT, CAZA-MAJOU, CADUCHS, DE LILE-DE-BRESSOT, &c. ne sauroient éviter le châtiment de leur scélératesse.

---

(1) Nul doute que les colonies ne doivent se gouverner elles-mêmes. Nul doute que leur intérêt, la politique, la reconnoissance & l'amitié ne leur commandent de s'unir à la France. Nul doute que le pacte ne doive être le résultat des delibérations libres de chacune des parties contractantes.

(2) Cet ouvrage volumineux, que mes facultés ne m'ont pas permis d'imprimer, est déposé aux archives de la commission de Saint-Dominque.

Si,

Si, dès long-temps, je ne vous ai officiellement dénoncé ces agitateurs (1), ne croyez pas qu'un sentiment de foiblesse ait pu arrêter l'homme qui les poursuivit à Saint-Domingue, *dans des temps où tout trembloit devant eux :* MAIS, VOUS N'ÉTIEZ PAS ENCORE ASSEZ DÉPRÉVENUS, POUR ENTENDRE LA VÉRITÉ QUE LA MALVEILLANCE AVOIT JUSQU'ALORS ÉTOUFFÉE.

L'aristocratie va s'armer contre moi.... Je ne la crains pas : JE PUIS PROUVER SES CRIMES (2).

Et je conclus à ce que les droits des colonies soient authentiquement reconnus ;

A ce qu'elles organisent leur régime intérieur ;

A ce qu'il soit établi un pacte d'UNION, *du consentement des parties contractantes ;*

A ce que tous ceux accusés des désordres de Saint-Domingue, soient renvoyés dans cette colonie, pour y être jugés (3).

---

(1) Quelques entretiens particuliers ont produit le même effet : ils m'ont servi à provoquer le décret d'accusation contre Blanchelande. *Une mesure plus ostensible eût peut-être alors été infructueuse.*

(2) J'ai fourni les moyens de motiver le décret d'accusation contre BLANCHELANDE ; &, lors même que ma sensibilité se révolte du ministère pénible que je remplis, je sais respecter assez mon devoir, pour soumettre bientôt à ses juges des preuves non équivoques de sa scélératesse.

(3) Déjà on se peint les déportés de Saint-Domingue comme le bouc d'Israël, que le peuple a chargé de ses iniquités. On semble croire que, s'ils ont quelques torts, ils les ont partagés avec les corps populaires.... Mais ces corps populaires leur ont toujours été en opposition ; & si l'une des deux autorités est coupable, l'autre ne

Pour écarter la confiance, on va m'accuſer de

ſauroit l'être ; & lors même que mille témoins n'accuſeroient pas l'ariſtocratie & le gouvernement, le retour de l'ordre à Saint-Domingue, depuis leur déportation, atteſteroit aſſez leurs crimes.

Si quelqu'un à pu écrire que les commiſſaires civils accuſent le peuple de Saint-Domingue d'aimer la royauté, il a fait un menſonge inexcuſable, s'il n'eſt l'effet d'une combinaiſon perfide. Jamais les commiſſaires civils n'ont tenu paréil langage. On les a vus rendre hommage à la ſageſſe, au grand caractère de l'aſſemblée coloniale, ſi odieuſement outragée. On les a vus rendre hommage aux autres corps populaires. On les a vus honorer le patriotiſme & le courage des colons. On les a vus gémir ſur les égaremens des hommes de couleur, qu'ils ont, avec raiſon, préſentés comme les inſtrumens des contre-révolutionnaires ; & le témoignage des commiſſaires civiles eſt d'autant moins ſuſpect, que leurs principes, leur prévention contre les blancs & les corps populaires de Saint-Domingue, & leur affection pour les hommes de couleur, ne furent jamais équivoques.

Il eſt vrai qu'ils ſe plaignent de la ville de SAINT-MARC : mais cette ville fut toujours en oppoſition à l'aſſemblée coloniale, aux corps populaires conſtitutionnels : elle fut toujours conſidérée, par le reſte de Saint-Domingue, comme en état de contre-révolution ; elle fut toujours coaliſée avec le gouvernement & les hommes de couleur ; elle fut le ſiège du tribunal de ſang qu'avoient créé les BLANCHELANDE, les ROUME, & que préſidoit le citoyen PINCHINA, homme de couleur, dans le temps de ſon égarement. C'eſt dans cette ville que les commiſſaires civils ont trouvé les ennemis de la révolution, les apôtres du royaliſme. TELLE EST CEPENDANT LA VILLE QUE LA FRANCE A TOUJOURS HONORÉE DE L'APOTHÉOSE.

Rien de moins incertain que la culpabilité des déportés de Saint-Domingue ; rien de moins certain que paſſion, de partialité (1); & , cependant, je n'ai fait qu'eſquiſſer les crimes commis à Saint-Domingue.

Quelques intérêts particuliers froiſſés, vont prêter à mes opinions, ſur le ſyſtême politique de Saint-Domingue, un caractère criminel. Je ſuis fort de ma conſcience; & s'il leur faut une victime, qu'on puniſſe le ſimple cioyen, puiſqu'en manifeſtant

---

leur châtiment; toute procédure criminelle exige une audition, une confrontation, cent formalités impraticables à d'auſſi grandes diſtances; & ſi les témoins de tant de crimes ont été, juſqu'ici, condamnés au ſilence, par la crainte du poignard de l'ariſtocratie, ils ſeront arrêtés aujourd'hui par la crainte d'être envoyés à deux mille lieues, pour ſe confronter aux coupables. Vouloir juger en France les incendiaires de Saint-Domingue, c'eſt conſacrer leur impunité; c'eſt enhardir leurs pareils à des crimes nouveaux; c'eſt porter le mécontentement au ſein des habitans de Saint-Domingue: alors les patriotes déſeſpérés ...., toujours immolés aux ariſtocraties....., n'auront plus qu'à fuir au milieu des nations ſauvages.....

(1) Je ſuis loin d'imiter cet agitateur, qui, pour raviver une haîne que le rapprochement des hommes libres de Saint-Domingue a, pour toujours, éteinte, ſalit les journeaux d'une lettre calomnieuſe, que ſa perfide méchanceté attribue au citoyen PINCHINA, homme de couleur. Si le citoyen PINCHINA l'a écrite dans le temps où il étoit, comme ſes frères, la victime ou l'inſtrument des contre-révolutionnaires, ſon éditeur auroit dû ne pas oublier que ce citoyen, uni loyalement aux blancs, ſes bienfaiteurs, la déſavoueroit aujourd'hui. Il auroit dû ne pas oublier qu'une telle lettre peut être un germe de malheurs pour Saint-Domingue..... Que de traîtres que déguiſe le maſque du civiſme!!!

mon opinion, j'écarte mon caractère politique, & je ne fais qu'user du droit qu'accordent à l'homme la nature & la loi.

PAGE.

De l'Imprimerie de L. POTIER DE LILLE, rue Favart, n°. 5

www.ingramcontent.com/pod-product-compliance
Ingram Content Group UK Ltd.
Pitfield, Milton Keynes, MK11 3LW, UK
UKHW020419230726
13925UKWH00004B/1526